南昌大学法学文库

刑法中的危险概念及其展开

黄 悦 著

法律出版社
LAW PRESS·CHINA

总　序

改革开放以来,随着我国法学教育和法学研究的迅速发展,我国法学理论研究一路高歌猛进,各种法学著述汗牛充栋、琳琅满目。出版各种系列丛书,已成为各大法律院校展示科研成果和研究实力的一种方式。“南昌大学法学文库”的出版也有这种目的。

南昌大学法学教育肇始于中华人民共和国成立前的国立中正大学法律系。抗日战争爆发时,国民政府深感经纬万端,亟待忠贞弘毅之士,推行博厚笃实之教育理念,于 1940 年在江西泰和杏岭建立国立中正大学,享誉海内外的植物学家和教育家胡先骕先生为首任校长。该校创立之初,即设文法学院、工学院、农学院,1947 年文法学院分为文学院和法学院,1948 年增设法律系。彼时,适值蔡枢衡先生回家乡永修探亲,被赣鄱父老、学术达士极力挽留,终留南昌,主持中正大学法律系,任教授,兼任系主任。1949年南昌解放时，国立中正大学停办（我国台湾地区于1989年在嘉义恢复中正大学）。1980年江西大学设立法律系，法学之薪火得以在豫章故郡续燃。江西大学法律系在成立之初便云集了一大批优秀的教师，例如，刘焕文、胡正谒、丁文华、刘仕才、谢庆演、胡继群、卓凡等。许多现今知名的学者和专家也曾于20世纪80年代在江西大学法律系工作过，例如，著名民法学家徐国栋教授、山西省高级人民法院邱水平院长、原清华大学副校长谢维和教授。1993年江西大学与江西工业大学合并组建南昌大学，江西大学法律系亦改称为南昌大学法律系。经过老一辈法学家蔡枢衡、刘焕文、胡正谒等先贤筚路蓝缕、披荆斩棘和几代南昌大学法律人的奋斗，尤其是江西大学法律系成立以来的近40年，南昌大学法学院广聚人才、苦练内功，形成了梯队合理、结构优化的科研教学团队，取得了长足进步，学科优势地位日渐凸显。

“南昌大学法学文库”正是在上述背景下应运而生。文库设立初衷在于展示本校法学最新研究成果，弘扬严谨笃学、厚实勤勉的学术传统。入选文库的论著，既包括毕业于本院社会治理与法治系统工程专业的博士论文，也包括新进教师的博士论文及学院其他教师的新近力作。内容涵盖法学领域各个二级学科、法学与其他学科的交叉学科。期待经过若干年的连续出版，文库在保证质量的基础上，形成规模效应，为法学理论研究的持续繁荣锦上添花。

“南昌大学法学文库”由南昌大学法学院的教授组成编委会，甄别论著质量，筛选具有出版价值的优秀论著，法学院具体负责出版事宜。通过严格审查把关，力争出版一系列具有学术见地、学术创新的高水平著作。同时也对后学者施以激励，延续本学科优良的学术传统。

本文库的出版，有赖于法律出版社的积极筹划与倾力帮助。长期以来，法律出版社对南昌大学法学学科给予了大力支持，今日文库出版，亦为双方勠力同心、协同发展合作关系的见证。借此机会，向法律出版社表示由衷的谢忱！

“庙廊之才，非一木之枝”，我们希望各位学界同人批评指正，共同扶持青年后学。

杨 峰

2017年12月31日于南昌大学前湖校区

目　录

引　言

一个完全实施的行为在其所指向的客体并没有遭受实际损害的情况下，仍然具有刑法上的可罚性，而这种可罚性的实质根据就是行为的危险。宾丁(Biding)在20世纪初就已经指出，危险概念(在刑法中)虽然不可或缺，但却很容易被误解和误用。由于危险概念在多个刑法理论的具体问题领域均保持在场，危险因此而获得了多种含义，要真正明确什么是刑法中的危险，其本身反而成了一个危险的定义。如何界定危险的概念并探索它的内部结构，是刑法理论中的重要课题。

现代刑法早已跨越结果责任的"上古年代"，进入以危险为刑事可罚性起点的法益保护的新纪元。"刑法与保护法益相联系，并不要求只有在法益受到侵害的时候才能产生刑事可罚性。只要在具体危险犯罪(例如，德国《刑法》第315c条规定的危害道路交通)中，符合刑事可罚性条件的行为构成本身具有对法益的危险就足够了。与此同时,在抽象的危险行为(例如,德国《刑法》第316条的酒后驾驶)中,在行为构成中完全没有提到所要保护的法益(在这里是生命、身体、物品价值),而是仅仅提到了制定该刑法条文的动机。另外,未遂的刑事可罚性——在定义中不发生对行为对象的侵害——也并不与法益保护的理论相矛盾。行为对象的侵害不再是作为刑事可罚性的条件来要求的,所要求的是这样一种行为,即根据这种行为所具有的客观或者主观倾向,是以损害一种法益为指向的。"[1]在这段话中,德国刑法巨擘罗克辛教授不仅明确宣示了一种现代刑法保护法益的全新理念,而且基本上细数了危险在现代刑法中各个领域的在场性。在与危险有关的刑法理论场域中,应当注意的是,刑事古典学派与近代学派、刑法客观主义和刑法主观主义、行为无价值论和结果无价值论,它们之间的对立会影响持不同立场的学者对危险概念的定义。而在具体问题的微观层面,对危险概念与行为归责理论、未遂犯的处罚根据,着手的判断、不能犯的判断以及刑法分则中的危险犯等问题的理解,危险概念的深入探讨和研究就变得具有决定意义。因此,可以作如下归纳:刑法中的危险概念之所以多义,是因为不同的理论学派会对危险概念作出不同的概括,而探究刑法中的危险概念的真义之所以不容

---

〔1〕[德]克劳斯·罗克辛:《德国刑法总论》(第1卷),王世洲译,法律出版社2005年版,第18页。

回避,是因为危险概念的厘定及其具体的判断方法是解码诸多刑法具体问题的密钥,而这也是本书研究的意义所在。

目前,国内学界对危险概念的研究多集中于危险犯领域和未遂犯领域,其研究现状可以概括为以下几点:[1]第一,对危险概念的研究主要集中在危险究竟是指行为危险还是结果危险,并在误解危险概念本质的基础上将两者视为对立的范畴。本书认为,行为危险和结果危险是危险概念的基本内容,两者统

---

[1] 目前,国内研究危险理论的代表性文献有张明楷:《未遂犯论》,法律出版社、成文堂1997年版;何鹏、李洁主编:《危险犯与危险概念》,吉林大学出版社2006年版;陈家林:《不能犯初论》,中国人民公安大学出版社2005年版;鲜铁可:《新刑法中的危险犯》,中国检察出版社1998年版;钱叶六:《犯罪实行行为着手研究》,中国人民公安大学出版社2009年版;陈洪兵:《公共危险犯:解释论与判例研究》,中国政法大学出版社2011年版;舒洪水:《危险犯研究》,法律出版社2009年版;王志祥:《危险犯研究》,中国人民公安大学出版社2004年版;张明楷:《危险犯初探》,载《清华法律评论》1998年第1期;赵秉志:《论不能犯与不能犯未遂问题》,载《北方法学》2008年第1期;陈家林:《论刑法中的危险概念》,载《云南大学学报》(法学版)2007年第2期;陈家林:《为我国现行不能犯理论辩护》,载《法律科学》2008年第4期;李海东:《社会危害性与危险性:中、德、日刑法学的一个比较》,载《刑事法评论》1999年第1期;杨兴培:《危险犯质疑》,载《中国法学》2000年第3期;陈旋:《论客观归责中危险的判断方法》,载《中国法学》2011年第3期;肖中华、陈洪兵:《"危险概念是一个危险的概念"——关于狭义危险犯的理论及立法检讨》,载《中国刑事法杂志》2005年第6期;刘晓山、刘光圣:《不能犯的可罚性判断——印象说之提倡》,载《法学评论》2008年第3期;郑军男:《不能未遂犯论争——"客观危险说"批判》,载《法制与社会发展》2002年第6期;李兰英:《论危险犯的危险状态》,载《中国刑事法杂志》2003年第2期;马松建:《论危险犯的危险》,载《河北法学》2001年第4期。

一于危险概念，并且以抽象危险和具体危险似乎能更确切地表述这种区分。第二，对危险的判断，主要集中于不能犯领域的探讨。如何判断未遂犯的危险，目前学界基本上形成了具体危险说、抽象危险说和客观危险说三足鼎立之势。第三，在危险概念的本质上目前的研究并没有达到应有的深度，对于危险概念和因果理论的关联，主观危险论和客观危险论等基础理论，基本鲜有学者问津。

因此，本书拟从认识论角度对危险概念进行分析，主张危险本质上属于解释性和评价性的概念。通过对以条件理论为基础的主观危险论，以及以相当理论为基础的客观危险论进行分析论证，主张应采纳客观危险论，并进一步探讨了作为客观危险论之理论基础的相当理论。在此基础上论证抽象危险和具体危险这两种危险概念的基本类型，并对其各自的含义、判断构造以及相互之间的关系等问题提出独立见解。以往的研究是在割裂抽象危险和具体危险的基础上研究危险概念的，本书主张行为的危险是抽象危险和具体危险的有机统一，理由在于只有蕴含危险性的行为才是刑法所禁止的行为，刑法正是通过这种具有抽象危险的行为所引起的法益侵害及危险来建构刑事不法。而以行为人认识或应当认识的内容作为抽象危险的判断，则完全是由“行为的主观面决定并限制行为的客观面”之行为归责的基本原则决定的。危险概念尽管是一个评价性概念，但在刑法中仍属于事实判断层面的问题。就如同归责理论是“对行为是否是行为人自己的行为这种道德的评价”一样,其在刑法中仍处于“确定作为刑法评价对象之行为”的事实判断层面。

第一章 概述

在刑法理论中，因为存在多种解释的基础和视角，危险概念因此也包含了多种解释的可能。尽管“危险”一词的语义内核较为清晰，但若将其置于刑法学的理论视域下，由于不同的刑法理念之间的角力，探究刑法学中的危险概念还是成就了刑法理论中的一句经典话语：“危险概念是一个危险的概念。”本章内容属于危险概念的理论概述，主要从宏观层面探讨危险的基本含义和类型，以及不同刑法学派对危险概念的解读。

第一节　危险的含义和类型

一、危险的语义

欲了解刑法中的危险，首先必须明确危险作为日常用语所具有的本来的含义。“危险”一词在日常生活中被人们广泛使用。在《汉语大词典》中危险的释义为：“危险，艰难险恶，不安全。谓有可能导致灾难或失败。”[1]《现代汉语词典》中将危险解释为：“危险，指有遭到损害或失败的可能。”[2]《辞源》中解释为：“危险，即危害。韩非子外储说右上：‘此危吾位者也。’”[3]从“危险”的语词含义中，我们可以看出，“危险”的使用和可能性密切相关，并且往往和灾难或失败这种不利后果联系在一起，即“有可能导致灾难或者失败”“有遭到损害或失败的可能”。在此，可以肯定的一点是，“危险”语词的核心意义即可能性。刑法中的危险概念的界定自然离不开危险语词的本来含义，但正如“概念之定义，意为对在什么意义上适用某一特殊

---

〔1〕罗竹凤主编：《汉语大词典》（第2卷），汉语大词典出版社1988年版，第526页。

〔2〕中国社科院语言研究所词典编辑室：《现代汉语词典》，商务印书馆1979年版，第1180页。

〔3〕《辞源》，上海辞书出版社1980年版，第434页。

用语作出精确的说明”,作为刑法规范学科中的专门术语,危险概念在保持了其核心含义——“可能性”的同时,也因为使用者的相异的刑法基本立场以及各自的言说角度(本章第二节将对此展开详细论述),而获得了多种含义。

二、危险概念的基本类型

首先需要解释的是,这里所讨论的危险概念的基本类型,指的是把具有名词性含义的“危险”和特定的主语组合而成的类型性概念,而不是探讨危险概念本身的实质内容。“危险”语词的核心含义是“遭受损害或不利后果的可能”,“危险”一词在日常使用中,有两种基本用法:一是用来叙述人、物或者特定的行为方式自身所具有抽象的“导致损害或不利后果的可能性”,其实质是指人、物或特定行为方式本身所具备的一种“危险”属性;二是用来描述客体陷入可能遭受损害或不利后果的具体的现实事态,即某客体处于危险状态之中。[1] 从上述两个层面

〔1〕 这里所谓的属性,即特质,属于抽象思维的产物。人们根据以往的经验知识和相关事实资料获得了汽油具有“可燃性”这一特质,这和“汽油在燃烧”这一现实的具体事态完全不同。当我们谈论某物、某人或某种行为方式具有危险的属性时,也只是在思维层面展开的一种抽象性推测和判断,这和“某物、某人和某行为方式”使客体陷入可能遭受损害的具体事实状态也是完全不同的。关于抽象层面的作为一种特质或属性的危险,以及具体层面的作为一种现实的事态的危险,是危险概念本体结构中的两大基本点,本书第二章将有详细论述。

(抽象和具体)考察危险概念,属于危险概念的本体探究中的问题,在此先不展开详细论述。本节主要讨论的是"危险"一词和不同主语组合而成的危险的基本类型。

在日常生活中,危险可以和人、物或者行为相结合,形成诸如危险品、危险行为、危险组织、危险个人等危险概念的基本类型。例如,危险品,指的是某物品具有损害人身或者财产安全的可能性,因此必须谨慎保管和使用;某个危险的通缉犯,指的是该犯罪嫌疑人较之一般人更具有犯罪倾向,具有再次实施犯罪行为的可能性;危险行为(醉酒驾驶行为),是指醉酒驾驶有导致交通事故的可能性。在刑法理论中,迄今为止主要探讨的危险概念的基本类型包括行为人的危险和行为的危险。例如,日本刑法学者认为,关于危险概念,在迄今为止的刑法理论中有以下两种基本不同的见解(准确地说,应该是两种不同组合类型的危险概念,而不是对危险概念本身有两种不同的理解——笔者注)。第一种理解是"行为人危险说"。它是指性格的危险性,或者叫犯罪人的品质,犯罪人的危险性及其反社会性。第二种理解是"行为危险说"。它是指行为对法益造成侵害的危险性。[1] 我国学者对刑法中的危险概念也作出了类似概括。"危

[1] 参见[日]野村稔:《刑法中的危险概念》,载[日]西原春夫主编:《日本刑事法的形成与特色》,李海东等译,法律出版社1997年版,第270页。

险性[1]是指一定的危险事实尚未发生或尚未成为客观存在的事实,但将要发生,现实已显示出充分的可能性和盖然性,而这种可能性或盖然性是以客观条件为基础而形成的现实状态。危险性一般可以从三种意义上来把握:一是行为人的危险性,即人身的危险性,即行为人有一种可以在某种程度上予以把握的犯罪人格倾向;二是行为人实施行为后造成危害结果的可能性,一般称为侵害性,这是解释未遂犯、不能犯中经常使用的概念,这里重在有无发生危害结果的可能性;三是行为实施终了,在危害结果中有无危险性,即危险犯意义上所使用的危险性。"[2]

上述我国学者关于危险的分类概括具有代表性,也基本上反映了刑法中危险概念的基本类型,即行为人的危险和行为的危险。但其具体论述中有一点需要进一步说明,即该学者将危险犯中的危险理解为"行为实施终了,在危害结果中有无危险性,即危险犯意义上所使用的危险性",在本书看来其表述并不准确,难免让人产生疑问。危险犯中的危险按照通说的理解,指的是行为本身的危险或者是行为导致保护客体陷入具体危险的事实状态,前者属于抽象危险犯中的危险,后者属于具体危险犯

---

〔1〕 需要说明的是,根据本书所引的德国学者观点,危险性与危险不仅在用语上不同,而且意义也大相径庭。但是,根据现有文献考察,日本和我国学者一般很少在危险概念本身的表述上对危险和危险性进行区分,理论上大致可以和"危险性和危险"形成对应关系的范畴是抽象危险和具体危险。

〔2〕 甘雨沛、何鹏编:《外国刑法学》,北京大学出版社 1984 年版,第 450 页。

中的危险。但无论是抽象危险还是具体危险,都不能和结果混淆,危险本就是指发生侵害结果的可能性,逻辑上不存在讨论“危害结果中有无危险”的余地。既然如此,我们又应当如何看待传统刑法理论,特别是德日刑法理论中所谓的“危险也是一种结果”的提法呢?其实该观点出自于结果无价值论者。结果无价值论者认为,作为未遂犯处罚根据的客观危险(以及具体危险犯中的具体危险),不是行为本身的危险(抽象危险),而是指实际的客观行为所导致的客体陷入险境的具体危险,这种具体危险应当由具体的事实状态表现出来,具体危险的这一特性使其脱离了狭义的行为范畴,并进入结果范畴。所以,在德日刑法理论中,才产生了危险究竟是作为“行为危险还是结果危险”对待的问题,其背后体现的是行为无价值论和结果无价值论的对立。[1] 上述我国学者所概括的第三种意义的危险性,不外乎是指在危险犯中行为所造成的“具有发生侵害结果可能性的事实状态”,其与第二种意义上的危险没有太大区别,两者都是指某一(没有发生侵害结果的)事实状态具有发生侵害结果的可能性,这种可能性(危险)表现在一种事实状态中,这种事实状态也可以说是一种结果,但又不等同于(和危险对应的)实害结

---

〔1〕 但是,本书认为,关于行为危险和结果危险的提法,是学者长期以来对危险概念的一种不太准确的表述,应当代之以“抽象危险”和“具体危险”,详细内容见本章第三节内容。

果。未遂犯中的危险是指行为发生既遂结果的可能性,危险犯中的危险也是指行为发生实际的法益侵害结果的可能性,两者都同属于行为的危险。因此,在本书看来,上述我国学者对危险类型的把握实际上可概括为行为人的危险和行为的危险,并且根据其对行为的危险的描述来看,其更偏重将行为的危险理解为一种结果危险。

综上所述,刑法中的危险概念基本上可以分为以下两种基本类型:一是从行为人的角度进行定义的“行为人的危险”,二是行为的角度进行定义的“行为的危险”。所谓行为人的危险即人身危险性,也称再犯可能性,“指的是行为人的危险性格或者人身危险性”。〔1〕“它是指性格的危险性,或者叫犯罪人的品质,犯罪人的危险性及其反社会性。”〔2〕“这种行为人的危险性可以表现为两个方面,即尚未犯罪者实施犯罪的可能性和有前科者再次实施犯罪的可能性。”〔3〕所谓行为的危险,是指行为对保护客体(法益)造成侵害的可能性。因广义的行为概念之下又包括狭义的行为和结果,所以行为的危险一般又分为行为危

〔1〕 陈家林:《论刑法中的危险概念》,载《云南大学学报》(法学版)2007 年第 2 期。

〔2〕 肖中华、陈洪兵:《“危险概念是一个危险的概念”——关于狭义危险犯的理论及立法检讨》,载《中国刑事法杂志》2005 年第 6 期。

〔3〕 鲜铁可:《新刑法中的危险犯》,中国检察出版社 1998 年版,第 2 页。

险和结果危险。[1] 前者是指行为本身所具有的导致侵害结果发生的可能性，因而也可以称为行为的属性；后者是指行为所导致法益遭受侵害的危险状态。[2]

此外，也有观点将因果性与危险性作统一的把握，认为行为的危险可以分为三类来考虑："第一是行为（狭义）的危险，或者说是作为行为属性的危险，意指行为本身所具有的发生侵害结果可能性；第二是作为经过的危险的实现，是指在行为与侵害结果之间危险的实现过程，包括自然的、事实的意义上的危险的实现（因果关联），与价值的、规范的意义上的危险的实现（规范关联）；第三是作为结果的危险，意指原因行为后所产生的危险，从被害人角度来说，指行为的作用已经进入到被害人的法益范围。"[3]

---

[1] 传统观点认为，广义的行为的危险包含了行为（狭义）的危险和结果的危险，因此，在之后的论述中，如果出现了和"结果的危险"相对应而使用的"行为的危险"，一般是指狭义的行为的危险。

[2] 参见张明楷：《危险犯初探》，载《清华法律评论》1998 年第 1 期。

[3] 具体论述参见张明楷：《未遂犯论》，法律出版社、成文堂 1997 年版，第 222 ~ 223 页。将危险的实现和因果历程作统一把握的观点，属于（理解行为的因果性与危险性的关系）一元的把握论。即因果关系就是指行为的危险性现实化的过程，两者共同的理论基础都是相当理论。与此相对的二元的把握论则是立足于机械的因果论（等价性条件理论），认为危险性与因果性实质上具有不同的构造。

第二节　行为人的危险与近代学派

作为规范评价的对象,刑法中的危险概念必然受到刑法基本立场的影响。从最早的刑事古典学派与刑事近代学派,到承袭刑事古典学派基本思想的客观主义刑法内部的行为无价值论和结果无价值论,均会根据其基本立场所预设的规范价值对刑法中的危险概念进行不同解读。在第一节中,笔者已经总结出刑法中的危险基本上分为行为人的危险和行为的危险,(广义的)行为的危险又可以分为行为危险和结果危险。对这些危险概念不同的理解和使用的背后,实质上体现的是不同的甚至相互对立的刑法基本立场,因此对危险概念的理解离不开对刑法基本立场的把握,本节首先探讨的是行为人的危险与刑事近代学派论之间的理论关系。

一、近代学派的历史背景及其理论

行为人的危险,又称人身危险性,为叙述方便,下文将在相同意义上交替使用两种表述。众所周知,行为人的危险主要由近代学派学者所提倡,集中体现了近代学派的理论要旨,欲理解行为人的危险这一概念,就必须了解和准确把握近代学派产生的历史背景及其理论内容。

近代学派的产生的一个明显的历史契机，是资本主义社会的发达带来的社会犯罪率的上升，古典的犯罪理论在面对这种汹涌而至的犯罪压力时已经显露疲态，“刑罚应当具有预防犯罪之目的”的思考自然成为近代学派的理论聚焦，犯罪预防理论（社会防卫理论）以及人身危险性概念是近代学派建构其理论体系的核心范畴。近代学派的理论背景，源自19世纪中叶以后西方资本主义社会的发展和思想潮流的革新。首先是19世纪中叶以后的欧洲大陆特别是德国，其社会、经济的发展经历了重大变化。“在德国从19世纪中叶开始，自然科学的发达与技术的进步导致产业革命，从以往的农业国转变为工业国；从19世纪70年代开始，资本主义制度从原来的自由竞争阶段进入到垄断主义、帝国主义阶段。其结果是，大工业都市发达、工厂的劳动者激增、工人阶级与资产阶级的对立与对抗激化、大众贫困化、失业者泛滥、家庭崩溃、帝国主义战争等现象产生；在犯罪方面，累犯特别是常习犯和少年犯的激增。”[1]然而，古典刑法理论面对新的形式却表现出发展的滞后，德国1871年《刑法典》尤其凸显了这种难堪的局面。面对历史变迁所滋生的累犯、常习犯、少年犯等新的犯罪现象，德国1871年《刑法典》完全没有

---

〔1〕参见[日]木村龟二：《刑法总论》，有斐阁1978年版，第30页以下。转引自张明楷：《未遂犯论》，法律出版社、成文堂1997年版，第30页。

作出任何应对性考虑和规定,使人们深切感受到它在这种越发严重的犯罪现象面前的无能为力,并由此引发了对古典学派通过宣告和适用刑罚来预防犯罪的理论(消极的一般预防理论),以及对判处与行为相适应的刑罚在预防犯罪上的实证效果展开批判和质疑的浪潮。另外,受到当时自然科学技术发达,以及达尔文"人也是一种动物"的进化论的影响,物理学、生物学的方法论也被运用于社会科学的研究当中,以此探究社会现象与社会发展的实质和规律。具体到犯罪现象的研究,利用上述实证方法的学者认为,包含犯罪在内的人的行动,都要受生物学与社会学的各种因素的广泛影响,因此开始探究包含犯罪行为在内的人类行动的法则性与因果性。[1] 在上述社会的、理论的背景下,在意大利产生以龙勃罗梭、菲利以及加罗法洛为代表的刑事人类学派,在德国则产生了以李斯特为代表的刑事社会学派。在近现代刑法发展史中,刑事实证学派和刑事社会学派统称为近代学派,又名新派。下面对其观点作出简要概述。

(一)意大利的刑事人类学派

意大利的刑事人类学派,又称为实证学派。实证学派主张以实证、科学的方法研究犯罪原因(尤其重视犯罪生物学的原

〔1〕 参见[日]西田典之:《日本刑法总论》,刘明祥、王昭武译,中国人民大学出版社 2007 年版,第 18 页。

因）以达到刑事政策的理想效果。

龙勃罗梭（Cesare Lombroso）是近代学派之创始人，也是意大利的一名精神病专科的医生。龙勃罗梭是最早开始以犯罪人类学的方法展开科学性的犯罪学研究的学者，并于1876年出版了其著名的《犯罪人论》一书。在该书中，龙勃罗梭通过调查在监狱内服刑的犯罪人的头盖骨和其他体型特征，发现累犯者的相当一部分人中具有共同的特征，因而主张大部分的犯罪人都具有犯罪本性所决定的犯罪的素质，提倡所谓“天生犯罪人”的概念，并以隔代遗传现象作为说明。具体而言，犯罪的原因是退化（返祖）到了“未开化时代的动物性生活”，是由所谓生物学的因素所决定的，通过其身体的特征就能对犯罪人作出判断。龙勃罗梭的观点就现在看来当然缺乏科学性和合理性，并且在其观点提出不久之后就被一名英国的精神病专科医生查尔斯·格林所推翻。但是，龙勃罗梭对向来以抽象观点把握人的行为的方法论提出了质疑，首创以犯罪人为中心的研究视角，并以实证方法应用于犯罪原因的考察，在犯罪学的理论史上具有划时代的意义。

恩里克·菲利虽继承了龙勃罗梭的思想，却修正了龙勃罗梭仅以人类学的要素说明犯罪原因的方法，加入其他如气候等物理学要素，以及政治、经济等社会学要素进行说明。“龙勃罗梭的见解后来通过菲利得到进一步的补充和完善……他提出产生犯罪的原因除了人类学的因素之外，还要考虑性别、学历、财产、职业这些社会学的因素，素质、环境与犯罪只是一种幻想，实际上犯罪只是素质与环境的必然产物。"[1]换言之，菲利将犯罪原因分为三种要素：人类学的原因、社会学的原因、物理学的原因，并认为当此三大实证要素达到一定的饱和状态时，将会发生犯罪，此即犯罪饱和原则。犯罪实证学派因此得名，其中的一个重要理论特征即主张决定论的犯罪观，即"犯罪乃有素质与环境所产生"之意思决定论立场，倡导社会责任论，主张刑罚应以犯罪之危险性为基础，而否定自由意思之存在，以及因此所产生的道义责任。菲利的另一个重要的主张即刑罚和保安处分的一元化(一元主义)。对于犯人反复犯罪之危险性的措施，菲利主张应以制裁代替刑罚，而排斥责任刑罚。既然犯罪是由素质与环境所决定的，对其适用刑罚也就已经不再具有报应与非难的性质。这与为了公共安全而对传染病患者予以隔离一样，犯罪人也必须忍受由于其人格的社会危险性而被科处的刑罚。由此可见，刑罚并非责任非难，而是与犯罪人的危险性相适应的社会负担。由菲利所主张的刑法应从社会防卫论之观点，而对具有社会危险性格之人加以处分的刑法思想，可谓近代学派之典型思考。菲利将此种刑法思想具体呈现于 1921 年所起草之意大

---

〔1〕［日］西田典之：《日本刑法总论》，刘明祥、王昭武译，中国人民大学出版社 2007 年版，第 18 页。

利刑法草案中,即根据行为者"危险性"与"社会防卫处分",而将近代学派(新派)思想彻底具体化之草案,因此,该草案也被称为菲利草案。[1]

加罗法洛同样继承了龙勃罗梭的思想,从事于犯罪心理学之研究,主张刑罚应符合犯人之恶性,并非仅依照行为所表现之质与量而施以刑罚。他在其名著《犯罪学》一书中,提出了直接研究犯罪人的必要性与重要性,强调以犯罪人的危险性为中心展开研究,并批判了古典学派的基本观点以及由此产生的刑罚制度和刑事诉讼制度。"旧派学者并不把罪犯看作是一个心理异常的人,而是视为仅仅因为实施了法律所禁止且受刑罚处罚的行为而不同于他人的人;旧派学者只是从外部形式上研究犯罪,却不从心理实验的角度进行分析;旧派学者不考虑犯罪的起源、原因,只是关心各种重罪与轻罪的外部特征;旧派学者根本没有根据犯罪人的特点对犯罪和犯罪人进行分类,而只是按照犯罪所侵犯的权益性质进行事实上的分类;旧派学者所寻找的刑罚是一种均衡而且抽象公正的刑罚,不是经实践证明能在总体上有效地减少犯罪的刑罚。"[2]

---

〔1〕 关于意大利实证学派的影响及其与意大利1921年刑法草案的关系,参见[意]帕多瓦尼:《意大利刑法学原理》(注评版),陈忠林译评,中国人民大学出版社2004年版,第30页。

〔2〕 参见[意]加罗法洛:《犯罪学》,耿伟、王新译,中国大百科全书出版社1996年版,第62页以下。

(二)德国的刑事社会学派

意大利的刑事实证学派虽然是新派思想的先驱,但从其理论概要观之,其更多的是近代犯罪学理论的先驱。真正将源于意大利的近代学派理论向世界进行推广的,是以弗兰克·冯·李斯特为代表的德国、荷兰、比利时等国学者所共同创设的国际刑事学协会。李斯特基于德国人固有的思辨和稳健,采用实证方法将犯罪与刑罚当作现实社会现象而加以掌握,真正在刑法学意义上展开了新派的理论,其理论贡献迄今依然备受推崇。因其主张与意大利的实证犯罪学不同,并非仅以素质或环境作为犯罪原因,而是优先以社会原因作为犯罪原因,故被称为刑事社会学派。

李斯特受到达尔文进化论与鲁道夫·冯·耶林目的刑思想之影响,从决定论提出"应罚的并非是行为而是行为人",在对行为人刑法(行为人主义)予以展开的同时,对目的刑思想也作了进一步的发展,认为刑法是社会的防卫手段(社会防卫论)。在李斯特看来,犯罪的原因分为社会的原因与个人的原因。在有关犯罪的社会原因方面,他提出"社会政策是最好且最有力的刑事政策",消除犯罪的社会原因是社会政策的任务。在有关消除犯罪的个人原因方面,他主张将犯罪人分为偶发犯人(机会犯)与状态犯人(习惯犯),后者又进一步分为可能改造的犯人与不可能改造的犯人。对偶发犯人,由于只要有威吓就足够了,应引入刑法的执行犹豫制度,同时,扩大罚金刑的适用范围。另外,在状态犯人(习惯犯)中,对可能改造的犯人采用相对不定期刑,实行所谓“市民的改造”;对不能改造的犯人,应实行终身的或不定期的拘禁,使之不能再危害社会。李斯特从刑罚是痛苦、祸害这种观点出发,认为认定行为人的危险性的前提是坚持行为主义。另外,他试图将意大利实证学派的效率第一主义,用作法治国家的调控器。即一方面采用以特殊为中心的目的刑论,主张目的刑或改善刑;另一方面又视刑法为犯罪人的大宪章,维持罪刑法定主义。

二、行为人的危险在近代学派理论中的展开

由上述近代学派理论概要观之,行为人的危险这一概念在整个近代学派的理论体系中具有重要意义,是整个近代学派理论思维的原点和体系建构的基石。由上述有关近代学派的理论概述中,我们大致可以了解到,行为人的危险在近代学派的学者那里就是指行为人性格上的反社会性与该性格所显示的对于法秩序的危险性。“刑罚具有预防犯罪之目的”之思考,是近代学派的中心思想,[1]而行为人的危险这一观念恰恰源于近代学派

[1] 参见陈子平:《刑法总论》(2008 年增修版),中国人民大学出版社 2009 年版,第 19 页。

的目的刑理论。近代学派理论的最大特点在于其主张的以特殊预防为中心的目的刑论，即在主张刑罚的正当化根据应当在刑罚的合目的性当中寻求（目的刑论），而刑罚的目的就在于改善、消除犯罪人的社会危险性（教育刑论），以实现对犯罪人的特别预防。“认识犯罪人的人身特征，即人身危险性，这是十九世纪人类学派留给后世的重要思想遗产之一。”[1] 近代学派通过当时纷繁复杂的犯罪现象，发现了犯罪人的类型化特点，创建了以行为人为中心的研究体系并提出了人身危险性这一命题。因此，在论述人身危险性在近代学派理论中的展开之前，首先需要界定人身危险性的概念。

（一）人身危险性概念之辨析[2]

当前我国学者对人身危险性的界定主要有以下三种观点：一是行为人的人身危险性是指行为人对社会造成侵害的可能性。[3] 二是认为人身危险性就是指犯罪人的再犯可能性。“我

---

〔1〕 马克昌主编：《近代西方刑法学说史略》，中国检察出版社2004年版，第190页。

〔2〕 本书的重点是探讨行为的危险，因此对于行为人的危险并没有着力展开。只是出于文章整体结构的完整性考虑而对行为人的危险（人身危险性）进行了大致的整理和论述，关于人身危险性理论的系统而富有启发意义的研究，参见陈伟：《人身危险性研究》，法律出版社2010年版。

〔3〕 参见刘勇：《犯罪基本特征新编》，载北京大学法律学系编：《改革与法制建设》，光明日报出版社1989年版，第540页。

们所谈的犯罪人的人身危险性,只限于犯罪之中以及犯罪前后由犯罪人的诸种情况表现出来的再次犯罪的可能性。也就是说,这种人身危险性是以犯罪的发生为前提的。从来未实施犯罪的人,根本就谈不上人身危险性,更不能对其适用刑罚。"〔1〕三是人身危险性不仅指再犯可能性,而且也包括初犯可能性。"人身危险性并非再犯可能的同义语,除再犯可能,人身危险性还包括初犯可能。在这个意义上说,人身危险性是再犯可能与初犯可能的统一。"〔2〕

上述关于人身危险性的概念界定可以归结为两点:第一,人身危险性的内涵是指行为人实施刑事违法性行为的可能性。第二,人身危险性的外延包括行为的初犯可能性还是仅指犯罪人的再犯可能性,这是我国学者关于人身危险性概念的分歧所在。依本书的观点,人身危险性本就源于近代学派理论,在我国刑法理论中属于舶来品,其本质是行为人对社会的危险性,是指行为人实施法益侵害行为的(犯罪)可能性,在近代学派学者那里,行为人的社会危险性不仅仅是指犯罪人再次犯罪的可能性,也

〔1〕 高铭暄主编:《刑法学原理》(第3卷),中国人民大学出版社1994年版,第229页。相同观点参见张明楷:《犯罪论原理》,武汉大学出版社1991年版,第77页;曲新久:《刑法的精神与范畴》,中国政法大学出版社2003年版,第211~212页;樊凤林等主编:《中国新刑法理论研究》,人民法院出版社1997年版,第298~299页。

〔2〕 陈兴良:《刑法哲学》,中国政法大学出版社1997年版,第139页。

包括具有犯罪素质的一般人实施犯罪的可能性。因此,人身危险性是指行为人以及犯罪人社会危险性,包括初犯可能性和再犯可能性。

(二)人身危险性概念的展开

行为人的危险不仅是新派建构刑罚论的基础性概念,而且也是新派建构犯罪论的基础性概念,具体表现为以下几点。

第一,目的刑主义。以行为人的危险为核心概念,新派学者主张特殊预防为中心的目的刑论。李斯特曾经指出:“我必须承认,在根据我们的观点得出的结论中,这也许应当仅仅顾及到为人处事的态度(die Gesinnung),而不是要等到构成行为时才处罚,就像家庭医生不需要等到病痛已经严重爆发时才处理,而应当努力预防这种情况的发生。”[1]李斯特通过分析刑罚的历史得出如下结论,即刑罚已经从对犯罪盲目地、本能地、冲动地、无目的地“否定”的原始的初级阶段,进化至受目的观念支配地、有意识地防卫法秩序和防卫法益的现代阶段。[2] 日本学者久礼田益喜教授在概括目的刑主义时指出:“刑罚不单是作为对犯罪的报应而科处之,要考察犯人的性格及围绕犯人的社会

---

〔1〕 [德]克劳斯·罗克辛:《德国刑法学总论》(第1卷),王世洲译,法律出版社2005年版,第106页。

〔2〕 参见张明楷:《刑法的基本立场》,中国法制出版社2002年版,第15页以下。

情况为了使该犯人将来不再犯罪而科处之。”[1]换言之,刑罚是以预防再犯、防卫社会为目的。为了实现预防犯罪的目的,就必须研究犯罪原因,而行为人的危险性格就是其中最为重要的因素,故犯罪的预防有赖于行为人危险性格的消除。新派学者在主张目的刑主义的同时,也提倡刑法人道主义,即所谓的教育刑论。日本的新派代表人物牧野英一教授是教育刑论的倡导者。他指出,目的刑主义以保全社会为目标,但它不是通过镇压、防范、权力的方法而是通过科学手段改善、教育犯人的方法,与所谓特殊预防相结合,而进化为改善刑。国家以保全、统制、发展、繁荣共同生活为任务,但犯罪人也是人,其作为个人的尊严应当得到尊重。[2] 教育刑论代表了目的刑论的进化和发展,其将犯罪人的改造和再教育与人身危险性的消除相结合,站在社会防卫的人道主义的高度,将对犯人的再教育界定为刑罚的本质,主张刑罚必须以教育性为主,否则就会失去自身的存在理由和价值。[3] 由此可见,无论是目的刑论还是其进一步发展的教育刑论,其理论始终是围绕行为人的危险之概念建构和展开的。

---

[1] 马克昌主编:《近代西方刑法学说史略》,中国检察出版社 2004 年版,第 159 页。

[2] 参见[日]山中敬一:《牧野英一的刑法思想》,载[日]吉川经夫等编:《刑法理论史的综合性研究》,日本评论社 1994 年版,第 295 页以下。转引自张明楷:《刑法的基本立场》,中国法制出版社 2002 年版,第 18 页。

[3] 参见[日]木村龟二:《刑法总论》(增补版),有斐阁 1984 年版,第 46 ~ 47 页。

第二,社会责任论。社会责任论和目的刑主义在理论谱系上是一脉相承的,和目的刑主义一样,社会责任论也是以人身危险性概念展开的,其基本观点如下:所谓责任,是对社会有危险的人,被社会科处作为社会防卫手段的刑罚的法律地位;犯罪是人的素质和环境的产物,犯罪人并不具有选择犯罪行为与适法行为的自由,因此就犯罪行为对行为人加以非难是不可能的;刑罚是对犯罪人将来再犯罪的可能性即性格的危险性,进行社会防卫的手段;正因为犯罪人在性格上具有危险性,所以处于承受社会的防卫处分的地位,这就是责任。[1] 近代学派从决定论的立场出发,认为人的行为决定于其自身的素质和周围的环境,刑罚不可能是针对恶行的谴责,而只能是针对行为人的恶性(人身危险性),为了防卫社会而具有接受刑罚的社会责任。由此可见社会责任论是在犯罪学上的社会防卫论发展而来的。如龙勃罗梭在推翻意志自由神话的基础上,从经验和实证的角度,认为犯罪是现实社会不可避免的现象,而为了保护社会,刑罚也是不可避免的。"惩罚权应当以自然必要性为基础,脱离了这样的基础,我不相信有哪些关于刑罚权的理论能够稳固地站住脚。""如果不是依据防卫的权利,我们有什么其他的权利对精

---

〔1〕 参见张明楷:《刑法的基本立场》,中国法制出版社2002年版,第42页。

神病人、对被怀疑患有传染病的人进行隔离呢。”[1]根据社会防卫理论，刑罚不再是与犯罪行为的社会危害性相适应，而是应当与犯罪人的人身危险性相适应，此即理论上所谓的刑罚主观主义，亦称为行为人主义。李斯特也明确提出“应受惩罚的不是行为而是行为人”这一著名论断，即应被惩罚的不是由环境和个人素质宿命决定的犯罪行为，而是在行为中所表现出来的行为人的社会危险性以及具有危险性的犯罪人本身，责任的基础是行为人的反社会的危险性格。近代学派以人身危险性为基础，将责任（罪责）的本质理解为一种社会性责任，更确切地说是一种社会性“负担”。这种完全以社会本位为视角，忽视甚至反对自由主义的社会防卫的刑法理论，容易与国家主义、权威主义相结合，形成扩大刑罚权的倾向，结果导致无视责任主义的本来机能，因而已经被现代刑法思想主流所否定，但是现代保安处分制度、针对精神障碍者的强制治疗制度以另外的形式继承了此观点。[2]

第三，刑罚与保安处分一元论。从社会责任论出发，所谓的刑事责任能力即刑罚适应能力。凡是对社会有危险的人，都有适应社会防卫手段的能力和义务，因此精神病人、刑事未成年人

---

〔1〕［意］切萨雷·龙勃罗梭：《犯罪人论》，黄风译，中国法制出版社2000年版，第321～322页。

〔2〕参见有关人身危险性概念在现代刑法中的遗产，在后文将有专门论述。

也是有社会责任的。近代学派着眼于行为人的危险，认为刑法的使命在于对人身危险性施加社会保安处分，或者教育、改善行为人，因而认为刑罚与保安处分之间没有质的区别，二者具有共同的特性，这就是刑罚和保安处分一元论。[1] 保安处分一元论主张废除刑罚与保安处分的区别，将二者统合为社会防卫处分。保安处分一元论的主要理由在于，犯罪的实证研究表明罪行均衡在经验上无法被证明实现，刑罚的报应并不是唯一目的，因此只在犯罪人的犯行中寻找刑事责任的根据，已经不符合犯罪对策上的目的。并且，刑事立法上的缓刑、不定期刑、假释等制度的建立，表明刑罚的量定应当以犯罪人的人身危险性为基础，因此保安处分和刑罚没有区别。1921 年菲利所起草的意大利刑法典草案贯彻了保安处分一元论的观点，《菲利刑法草案》的最大特点在于："排斥了刑法中的刑罚概念，提出'制裁'和'处置'；以犯罪人'危险性'为制裁的根据；排除了过去的责任概念。因此被学者们称为'没有责任和刑罚的刑法典'。"[2] 在保安处分一元论的问题上，李斯特也曾经表示，他在事实上虽然追随着所谓刑罚同保安处分要加以区别的二元论，但是，刑罚和保安处分作为对犯罪人的教育、改造的一个手段来说，其性质是相

[1] 参见张明楷编著：《外国刑法纲要》（第 2 版），清华大学出版社 2007 年版，第 430 页。

[2] ［日］木村龟二：《刑法学入门》，有斐阁 1957 年版，第 240 页。

同的,两者之间具有当然的可替代性。而且作为将来的发展方向来说,应该是转向两者不加区分的一元论。[1]

第四,犯罪征表说。新派学者以人身危险性为核心概念建构其刑罚论和犯罪论,但其并没有完全抛弃客观违法行为的基础作用,其中以李斯特的犯罪征表说最具代表性。李斯特虽然强调行为人的反社会性或危险性是行为人负担刑事责任的根据,但他同时认为“如果刑罚以犯罪人的性格本身为对象,那么,本来对于还没有实施犯罪但具有危险性格的人,也应当为了改善而科处刑罚;但由于现代的知识水平与能力还不能在犯罪前判断人的性格,故只有当犯罪人的危险性格征表为犯罪行为,才能科处刑罚”。[2] 其门生泰莎(O. Tesar)和考尔曼(H. Kollmamm)更是明确指出,所谓社会危险性,必须以犯罪行为的形式予以呈现,只有这种危险性征表为外在的犯罪行为时,才能视为刑法上的问题,并对之施以社会防卫处分。同时,行为也只有可以作为认识行为者的反社会性格的依据时,才有其意义。根据犯罪征表说,行为的基础作用在于表现行为人的危险,犯罪的中心仍然是人身危险性而不是行为的客观危害性,行为所产生的结果甚至只被认为是客观的处罚条件。

---

〔1〕 参见[日]大塚仁:《刑法中的新旧两派理论》,转引自《外国刑法研究资料》(第一辑),第99~100页。

〔2〕 [日]平野龙一:《刑法总论Ⅰ》,有斐阁1972年版,第9页以下。

必须特别说明的是,李斯特虽然提倡犯罪征表说,但同时又出于法治国原则和自由主义而极力倡导罪刑法定原则。换言之,并非任何行为都可以征表行为人的危险性格,只有当法律对这种征表有明确规定时,才成立犯罪,即只有法律规定的行为才能征表行为人的危险。李斯特的犯罪论同时还具有明显的客观主义倾向。例如,他就不能犯与未遂犯的区别提出了具体危险说,而批判了德国当时兴盛的主观主义者所赞成的主观说。[1]李斯特因其鲜明而独具特色的目的刑论被贴上了新派学者的标签,但又因其恪守罪刑法定原则和客观犯罪论而同时具有刑事古典学派的色彩,因此在学派之争上,李斯特被认为是一位具有矛盾性和传奇色彩的学者。

三、小结:"人身危险性"的资产清算

以行为人的危险为核心概念建构刑法理论和犯罪论的时代已经成为历史,但即使是在现代各国的刑事立法中,近代学派的理论并没有完全存放于历史的博物馆中,而是在现实中有限地保留下来并继续影响今天的刑法及理论,这集中地体现为保安处分二元论,以及刑罚的裁量和执行制度。而所有以行为人的危险为基础的理论,则系统地表现为行为人主义刑法观,尽管行

---

〔1〕 参见[德]弗兰茨·冯·李斯特:《德国刑法教科书》,徐久生译,法律出版社2000年版,第342页以下。

为刑法已经成为当今主流，但是行为人刑法却一直在影响并融入了现代刑法的制度建构之中，至今仍处于持续探讨和争议的行为人刑法和行为刑法理论中，行为人的危险以一种近代学派的理论遗产的形式被现代刑法继承下来。

第一，行为人刑法观念是人身危险性概念的系统性表现。行为人刑法认为，刑罚是与行为人的人格性相联系的，同时，刑罚是由行为人对社会的危害及其程度决定的。罗克辛教授对行为人刑法作了如下概括："行为人不是因为实施了一个行为而有罪，而是因为他是'一个这样的人'而成为法定责难的对象。因为，与具体行为的有无及如何实施不同，属于刑罚威胁的条件要求得更多，并且，需要进一步从行为人的个人特征方面寻求答案，在这种情况下，刑罚就适用于行为人本身。"〔1〕与行为人刑法相对的是行为刑法。"行为刑法指的是一种既定的刑法规则，在这个规则中，刑事可罚性是与在行为构成方面加以限定的单一行为（或者可能情况下的多个行为）相联系的，同时，惩罚仅仅表现为对单个行为的反应，而不是表现为对行为人整体生活导向的反应，更不是表现为对一种行为人所期待的未来的危险的反应。"〔2〕现代刑法的基本原则要求"无法律则无犯罪，无

---

〔1〕［德］克劳斯·罗克辛：《德国刑法学总论》（第1卷），王世洲译，法律出版社2005年版，第106页。

〔2〕同上书，第105页。

法律则无刑罚”，行为刑法在理论上更加契合刑事法治的要求。在刑法制度的具体建构中，尽管行为刑法在与行为人刑法的矛盾关系中一直处于优势，但是自从近代学派提出特殊预防观念以来，以人身危险性为基础的行为人刑法就一直对世界各国刑法立法和理论发挥着强烈而深远的影响。为了预防犯罪人再次实施违法犯罪行为，需要采取的应对措施更多的是取决于犯罪人的人格，而不是已经实施的具体的犯罪行为。因此，人身危险性的概念就在这种行为人刑法观念中得到具体展现，而其中最强烈和没有争议的，即现代刑法中的保安处分制度的确立，以及刑罚裁量过程中的从轻处罚、缓刑、免除刑罚等量刑制度的建构。

第二，保安处分二元论。保安处分制度作为和刑罚制度相对的刑事制裁措施，完全是新派的特殊预防理论发展的结果。尽管新派基于社会防卫论和社会责任论而提出的刑罚和保安处分一元化的主张，已经不符合现代保安处分制度的实际情形，但从事实上看，由菲利晚年提出的刑罚和保安处分一体化的思想对现代刑法中的保安处分二元论产生了巨大影响。《菲利刑法草案》将“责任与刑罚两种观念消除，先将犯人分为通常人、少年与精神异常人三种，而避免责任能力人之观念。另外，对于这三种人规定种种方法，单以某种制裁名之，而避免用刑之名称，此种法典之形式，虽然法西斯意大利未曾采用，但是 1930 年意大利新刑法很广泛地在刑罚之外规定其他的制裁措施，并确立保安处分新制度，实际上就是采用菲利的创意。此外，1926 年的苏联刑法，就称犯罪为社会危险行为，称刑罚为社会防卫处分，这完全是受菲利刑法草案的影响”。〔1〕 由于保安处分一元论实质上放弃了刑罚的本质内容，现在一般采取的是保安处分二元论。保安处分二元论基于报应和非难的古典学派理论，认为只有在行为人本来可能选择适法行为却仍然决定实施犯罪行为的情形下，才能对其加以谴责和非难。对于不能判断自己行为是非善恶的精神病人等无责任能力人，就不能以非难的方式予以刑罚，但也不能因此而忽视无责任能力人所具有的危险性，作为一种妥协的对策就是引进了与刑罚有别的保安处分制度。最初将保安处分作为与刑罚并列的一项制度而予以规定的，是由斯图斯(Stoos)于 1983 年起草的瑞士刑法第一准备草案实现的。这种二元主义的做法，后来被德国、奥地利、法国、意大利等国的刑法草案所继承，1930 年的意大利《刑法》、1932 年的波兰《刑法》、1933 年修改后的德国《刑法》、1937 年的瑞士《刑法》等，都在规定了刑罚的同时规定了保安处分。现代社会中许多国家的刑法均已建立了保安处分制度，并根据保安处分的种类确定了具体适用条件，但从保安处分制度建构的目的中，我们能

〔1〕 刁荣华主编：《现代刑法基本问题》，汉林出版社 1981 年版，第 12 页。

推出行为人具有人身危险性是适用保安处分的一般要件,由此可见人身危险性概念在现代刑法保安处分制度中,得到了较大程度的保留和发展。

第三,刑罚的裁量。“量刑问题是刑法理论的缩图,旧派和近代学派的对立正好是在量刑理论上极为鲜明地表现出来。”[1]近代学派以行为人身危险性区别对待犯罪行为背后的行为人,在刑罚裁量中主张刑罚个别化。“由于不同的犯罪人具有不同的情况,每个人犯罪的原因存在着差异,为了使社会免受具有犯罪性格和倾向的人所侵害,也为了消除、改正这些人的犯罪倾向,就不应当以其犯罪行为的外部表现和客观损害来确定刑罚,而应以犯罪人的社会倾向即人身危险性大小来分别处遇,这就是刑罚个别化的本来含义。”[2]刑罚个别化和刑事古典学派所主张的根据犯罪行为的罪责量定刑罚的观念是根本对立的,我国学者也对刑罚个别化过度强调人身危险性和特殊预防的倾向展开了批判:“恰恰是在隔离与矫治有人身危险性的个人、防卫社会的诱惑下,刑罚个别化步入了忽视刑罚一般预防价值与个人权益的理论误区”;[3]“由于片面强调行为人的人身危险性,否定了刑罚惩罚性的本质,或者说绝对的刑罚个别化过度

---

〔1〕 马克昌:《比较刑法原理——外国刑法总论》,武汉大学出版社2002年版,第54页。

〔2〕 马克昌:《刑罚通论》,武汉大学出版社2006年版,第269~270页。

〔3〕 邱兴隆:《刑罚个别化否定论》,载《中国法学》2000年第5期。

张扬特殊预防而忽视了刑罚报应的客观存在,因而走上了刑罚的反面,最终否定了自己。"[1]但是,近代学派和旧学派在进入20世纪20年代之后,开始失去昔日的尖锐对立并出现互相融合的趋势,在刑罚论上更是体现了这种融合趋势的成功和促进作用。"在量刑及行刑部分,既注重行为,又注重行为人,报应刑与目的刑并行不悖。"[2]具体而言,是在刑罚论中基本承认刑罚的本质是报应,在此范围内考虑使刑罚发挥合目的性的作用。例如,德国《刑法》第46条就为法官作出了明确规定:"在量刑和其他活动中,应当考虑'行为人过去的生活、他的个人情况和经济情况',以及'他在实施构成行为之后的表现'",[3]这一般被认为是在量刑中受到考虑行为人个别因素的行为人刑法观念的影响。我国多数学者也认为人身危险性是量刑的根据之一。"量刑的根据有两个,一个是量刑的报应根据,指已然之罪的严重性程度应当成为裁量刑罚严厉性程度的标准;二是量刑的预防标准,指以未然之罪的可能性大小作为量刑的标准。"[4]"量刑的根据是量刑情节,犯罪的社会危害性和犯罪人的人身危险

---

[1] 陈伟:《人身危险性研究》,法律出版社2010年版,第138页。
[2] 张文、刘艳红等:《人格刑法导论》,法律出版社2005年版,第69页。
[3] [德]克劳斯·罗克辛:《德国刑法学总论》(第1卷),王世洲译,法律出版社2005年版,第113页。
[4] 陈兴良:《刑法哲学》,中国政法大学出版社1997年版,第600~601页。

性是量刑情节内在特征和本质属性。"[1]但同时也认为尽管人身危险性在量刑中起着特殊的作用,但应当受到限制,亦即行为人的危险只能在减轻刑罚量方面产生影响,而不能在增加刑罚量方面发挥作用。如王利荣教授认为:"即使对行为人主观方面的评判能够延伸到犯罪前后,在其人身危险性的推测基础上增加刑罚的理由仍不充分。毕竟刑法的行为规导机能也好,个别预防也罢,都受制于刑罚的公正和人道基础。"[2]本书认为,人身危险性在刑罚裁量领域的影响事实上存在并且在理论上应当得到承认,前提是必须将这种影响限制在罪责标准的范围之中。可以说,以人身危险性为中心的特殊预防观念,在刑罚的裁量和执行都不逾越罪责标准的限度内,仍具有广阔的发展前景。"因为在这个范围内,这个思想是与一种现代的重新社会化刑法的所有发展趋势相一致的,同时,对于法治国来说也是完全没有问题的。"[3]

---

〔1〕 蒋明:《量刑情节研究》,中国方正出版社 2004 年版,第 55 页。

〔2〕 王利荣:《案外情节与人身危险性》,载《现代法学》2006 年第 4 期。相同观点参见邱兴隆:《有利被告论探究——以实体刑法为视角》,载《中国法学》2004 年第 6 期;游伟、陆建红:《人身危险性在我国刑法中的功能定位》,载《法学研究》2004 年第 4 期。

〔3〕 [德]克劳斯·罗克辛:《德国刑法学总论》(第 1 卷),王世洲译,法律出版社 2005 年版,第 113 页。

第三节 行为的危险及其内部划分

相比于“行为人的危险”在新学派理论中的所显示的核心地位，行为的危险则只能说是旧学派理论在以行为概念为核心建构其犯罪论的逻辑上的延伸，亦即旧学派理论以行为展开理论建构，如涉及危险的讨论也当然会限定在行为之范围。换言之，危险指的是行为的危险。

一、在行为刑法中危险指的是行为的危险

对行为人的危险的偏重，代表的是一种行为人刑法观念。在当今的世界范围内，主观主义刑法理论在犯罪论中已经完全衰退，行为人的危险概念也仅是在刑罚论中发挥其影响力，以往在犯罪论中由行为人的危险和行为的危险之间的争论和协力而共同构建的理论，在今天已经被行为的危险概念所完全取代。

首先，在未遂犯理论中，当前普遍一致的观点是，未遂犯的处罚基础是行为的危险。即使是以前被认为体现了行为人的危险的部分规定，现在基本上都是在行为刑法的立场上对其进行解释的。例如，关于未遂犯的任意从轻、减轻处罚原则，一直以来被理解为是主观主义的人身危险性概念在刑法规定中的具体

表现,即未遂之所以保留任意的减轻是主观主义的表现。因为未遂与既遂在行为人的意思与性格方面没有差异,从而可以与既遂同样处罚。但是,从客观主义的行为刑法立场出发,则认为尽管“未遂犯是指没有既遂的犯罪,从没有引起构成要件结果这一点上也可以说是比既遂犯要轻,但是也存在着所引起的危险和既遂相当的场合,考虑到这些,刑法只是规定了对未遂犯裁量地减轻刑罚(而没有规定必须减轻)”。[1]

其次,在刑法分则的具体规定中,以往被认为是典型的体现人身危险性的具体规定,在主观主义的行为人刑法理论全面衰退的情形下,根据客观主义的行为刑法观念对其重新作出了解释和说明。例如,在德国《刑法》中,“在职业性和习惯性地实施的犯罪中(第 260 条、第 291 条第 2 款第 2 项、第 292 条第 2 款第 1 项、第 302 条第 2 款第 2 项第 2 目),对符合从重标准的情节进行从重处罚的做法,在过去曾经被耶塞克作为‘纯正的行为人惩罚’的例子引用过。但是,这种从重处罚的做法并没有脱离行为刑法的立足点,因为这种做法与窝赃犯、偷猎者或者高利贷者的犯罪学类型无关,有关系的仅仅是,与行为人人格无关的职业性或者习惯性地实施这些犯罪,比个别出现的偶然行为

---

[1] [日]山口厚:《刑法总论》(第 2 版),付立庆译,中国人民大学出版社 2011 年版,第 269 页。

会具有更大的社会危害性并且因此需要更高的刑罚。"[1]又如，我国《刑法》中也规定了如“以赌博为业”“以牟利为目的传播淫秽物品”等犯罪类型，但是对这些规定，不应当理解为具有牟利目的比不具有牟利目的的行为人在人格的危险性上更为严重。正确理解应当是以赌博为业的人职业性地实施赌博行为，比个别的赌博行为对法秩序的破坏更为严重；具有牟利目的的传播行为，与普通的传播行为相比，其数量和规模往往更大，所产生的危害也更严重。

综上所述，客观主义的行为刑法观念是现代刑法在世界范围的主流观念，当今刑法理论基本上都是从行为的危险的角度来理解和把握危险概念的。

二、行为危险和结果危险的区分

“行为”一词具有较为广泛的含义，是主观见之于客观的过程，具有主客观统一性。行为包括基于意志支配的身体动静，以及由身体动静引起的事物存在状态改变的过程(结果)。(狭义的)行为和结果的划分，基本上得到了刑法学者的认可，并以此将行为的危险划分为行为危险和结果危险。德国和日本刑法理论一般将危险概念作如是区分，如德国刑法学家威尔泽尔就曾

〔1〕［德］克劳斯·罗克辛：《德国刑法学总论》(第1卷)，王世洲译，法律出版社2005年版，第111页。

经将危险区分为“行为的危险性”与“对法益的危险发生”。[1]日本刑法学者山口厚认为:“这两个危险概念的差异,在于成为危险判断对象的时点的差异以及由此所导致的判断基础范围的差异。在‘行为的危险’中,应限定在行为时存在的事实,而在‘作为结果的危险’中,应将事态发生时的所存在的事实都作为危险判断应考虑的内容。”[2]总之,行为危险是指行为本身的危险性,结果危险是法益可能遭受侵害的具体状态。

受到德国和日本刑法理论的影响,国内学界素来将其分为行为危险和结果危险加以研究,就目前而言,我国学者对危险概念的研究主要围绕行为危险和结果危险的区分展开。如鲜铁可博士认为:“作为行为的危险,是指行为自身所蕴含的发生结果的可能性。其特点是,判断的时间仅以行为时所存在的事实为基础。例如,在未遂犯中,作为行为的危险表现在实行行为的危险性中,即有关实行着手的问题中。作为结果的危险,是指由行为产生的与行为相分离的发生实害结果的可能性(现实可能性)。其特点是,判断的时间应以危险状态发生时点的事实为判断之根据。这里不从主观化、行为无价值探讨其内容,仅从两个危险概念的差异来看,在于危险判断的对象的时点之差,而且行为的危险仅以行为为判断基础,其危险的内容较结果的危险

---

〔1〕 即本书所指的行为危险和结果危险。

〔2〕 [日]山口厚:《危险犯研究》,东京大学出版社1982年版,第56~57页。

抽象。即使其判断基础的内容不限于行为,行为的危险通常也不是仅指实行于结果者,其内容也较结果危险抽象。在未遂犯中,作为结果的危险表现在未遂犯的处罚根据中。"[1]张明楷教授亦认为,刑法中的危险可以分为"行为的危险"与"结果的危险"。行为的危险,是指行为本身所具有的导致侵害结果发生的可能性,因而也可以称为行为的属性;作为结果的危险,是行为所造成的一种可能侵害法益的状态,因而属于结果。当然,在实践中有时难以对二者作出区分。例如,在行为人持枪追杀被害人但没有击中这一过程中,难以区分行为的危险与作为结果的危险。但是,从理论上说,行为本身的危险和行为造成的危险状态是存在区别的。在许多案件中,尤其是在隔离犯中,能够而且应当区分行为本身的危险与行为造成的危险状态。例如,A在甲地邮局寄送毒药,旨在杀害住在乙地的B。A在甲地寄送毒药时,具有行为的危险;只有毒药已经寄送给B时,才产生作为结果的危险。从法律上说,也存在作为结果的危险。例如,根据我国《刑法》第332条的规定,"违反国境卫生检疫规定,引起检疫传染病传播或者有传播严重危险的",构成犯罪。其中的"有传播严重危险"就是行为已经引起了传播的危险状态,因而是作为结果的危险。

---

[1] 鲜铁可:《新刑法中的危险犯》,中国检察出版社1998年版,第7页。

三、对行为危险和结果危险概念的检讨

从上述我国学者关于区分行为危险和结果危险的论述中可以看出,其一方面认为行为危险和结果危险的区别在于,前者是行为本身蕴含的危险性,后者是行为在现实中引起的具体危险,行为危险具有抽象性,结果危险则是更为具体的危险。但同时又认为一般难以区分行为危险和结果危险,只有在隔离犯的场合,行为的实施和结果发生之间具有一定的间隔,这种区分才有意义。张明楷教授即持此种观点,该观点亦是我国学者中比较有代表性的观点。例如,钱叶六博士在其《犯罪实行行为着手研究》一书中也认为,"结果的危险是依赖于行为本身的危险并通过行为的危险表现出来的,亦即通常情况下,行为的危险和结果的危险是分不开的,含有现实危险性的行为一旦被实施,就会产生具有侵害法益的现实危险。"本书认为,国内学界对"行为危险"和"结果危险"的界定及相关讨论,存在自相矛盾之处。理由在于,既然行为危险和结果危险是在抽象和具体的意义上划分出来的,那么任何犯罪类型,无论是即成犯,还是隔离犯,都可以区分其行为危险和结果危险。例如,甲以杀害的意思向其仇人乙开枪射击。其行为危险,就是指以甲的行为本身,[1]根

〔1〕 这里涉及如何确定甲的行为的问题,也是本书第二章所要重点讨论的问题。确定行为人的行为,实质上属于行为归责理论所要解决的问题。这里先给出结论性观点:行为人的主观面决定行为的性质。

据一般性经验法则,其瞄准仇人开枪的行为具有导致死亡结果的危险。而结果危险,是指这种具有危险性的行为是否导致客体陷入现实的危险状态,需要进一步判断。行为危险是一种剥离现实存在,根据一般性经验法则,在抽象思维层面即可展开的判断;结果危险则是必须以现实存在的条件为判断对象,具体的判断行为危险是否实现。两者实质上都是对行为的危险进行的判断,只是判断的层面和角度不同而已。认为在持枪杀人的场合无法进行这种区分的观点,其实是错误地将行为危险和结果危险进行字面意义的理解,在行为的阶段上区分行为时的危险和结果时的危险。这明显和其之前的理解互相矛盾。

行为危险和结果危险的区分,源于行为无价值和结果无价值在如何理解未遂犯的危险的问题上的对立。行为无价值论者认为,未遂犯是抽象的危险犯,未遂犯中危险是指行为本身蕴含的危险性;结果无价值论者主张,未遂犯是具体危险犯,未遂犯的危险是指行为引起的侵害法益的具体危险。以不能犯为例,行为人误以为稻草人是活人而向其开枪的行为,其行为本身具有导致死亡结果的危险性,符合未遂犯的处罚根据的要求。但是,仅以这种抽象危险作为处罚根据,不考虑行为的具体危险,不符合未遂犯也要求结果不法的要求。未遂犯的处罚不仅要求行为具有法益侵害的危险性,而且要求这种行为的危险性实现为一种具体的危险。

综上所述,立足于抽象和具体两个不同层面考察行为的危险,将其划分为行为危险和结果危险,具有相当的合理性。只有具有危险性的行为(行为危险),才是刑法所规定的构成要件行为;只有行为危险现实化为结果危险时,才满足了刑事处罚的要求。根据抽象性和具体性进行区分的行为危险和结果危险,更确切地说,就是指行为的抽象危险和具体危险。

第二章

危险概念及其判断构造

刑法中的“危险”,大致可以分为两种:一是行为人的危险,二是行为的危险。这种分类背后反映的是新派和旧派的对立,行为人的危险(人身危险性)属于新派理论阵营,行为的危险则属于旧派理论阵营。尽管现在所讨论的危险概念多指行为的危险,但此“行为的危险”究竟是指的行为本身的危险性,还是现实的危险状态?危险究竟只是人类在“无知状态”下基于事前的主观臆测的产物,还是一种客观存在的可以在事后把握的客观可能性?刑法理论对此产生的激烈争论一直延续至今。其实,上述两个问题已经基本涵盖了危险理论中的核心问题,即危险的概念及其判断问题。而理论上对这些问题的探讨,则是以我们究竟应当如何看待危险的本体——主观危险论与客观危险论的对峙——作为探究的起点。

第一节 主观危险论与客观危险论

“危险”的核心意义即可能性，而究竟应当如何把握此种可能性，学说上历来有所谓的主观危险论和客观危险论的对峙，在国外特别是大陆法系刑法理论中，几乎每个学者在讨论危险概念时，都是从主观危险理论与客观危险理论的争论出发。我国亦有部分学者在探讨危险概念时，对主观危险论与客观危险论这对范畴稍有涉及。[1] 主观危险论和客观危险论均是关于如何把握危险概念的学说，其各自的理论基础及两者间的对峙的确可以为我们探究危险的本质提供富有启发性的见解。

一、对峙的缘起

主观危险论与客观危险论的对立源于未遂犯领域，并直接催生了主观未遂论与客观未遂论之间的争论，这种争论早在19世纪的德国就已经针锋相对。尽管1872年德国《刑法》第43条和第44条的规定在事实上表现出对客观主义未遂论的明显偏

---

〔1〕 参见张明楷：《未遂犯论》，法律出版社、成文堂1997年版，第222～223页；陈家林：《论刑法中的危险概念》，载《云南大学学报》(法学版)2007年第2期；李海东：《社会危害性与危险性：中、德、日刑法学的一个比较》，载陈兴良主编：《刑事法评论》(第4卷)，中国政法大学出版社1999年版，第25页以下。

重,但关于未遂犯理论,德国实务界与学界当时的主流意见均趋于主观未遂论。[1] 例如,德国帝国法院在1880年一则关于堕胎未遂案件的判决中曾表露出明显的主观未遂论立场:“在未遂犯中,犯罪意志是刑事法律所禁止内容的征表,相反,在既遂中出现的是由犯罪意志所引发的违法结果。”[2] 该判决进一步指出:“当我们逆向观察,如果侵害结果没有发生,就说明了行为与此结果之间不成立因果关系。此外,还可以进一步说,在个案中,没有招致结果的行为本身就证明了绝对不足以造成侵害结果。”[3] 换言之,从事后的角度回溯整个犯罪历程,任何未遂行为都“绝对不足以造成侵害结果”(没有危险),任何实际的因果流程均具有决定性,危险只是事前的主观臆测的产物。

而当时有关客观未遂论的实务主张,则一般认为体现在帝国法院于1882年关于德国《刑法》第223条a款“对生命有危险的行为”的判决中。在此判决中,帝国法院就已宣告具体的危险判断是可能的,它表示“危险”与“危殆”这两个词语意味着,依据人类经验因果性法则预测在最近将来或较远将来足以发生损害的高的或轻微的“盖然性”。为了判断某个个案是否存在

〔1〕 参见[德]托马斯·魏根特:《刑法未遂理论在德国的发展》,樊文译,载《法学家》2006年第4期。

〔2〕 同上。

〔3〕 陈家林:《论刑法中的危险概念》,载《云南大学学报》(法学版)2007年第2期。

危险,就必须依据每个个案不同情形,而决定应该具备多高的盖然性与如何程度的接近才足以认定。以此判决为契机,学说上遂建立起客观危险论,即认为危险是一种客观盖然性,即使在没有产生结果的未遂行为中,客观上仍存在发生结果的客观盖然性,危险指的就是这种发生侵害的客观可能性。

由此可见,是否承认客观的危险(客观盖然性)、危险的判断是否可以从事后的角度就整体事实进行观测,乃主观未遂论和客观未遂论对峙的焦点,而导致这种对峙的原因主要在于对危险概念的不同理解,即主观危险论与客观危险论的对立。

二、主观危险论

从上述关于主观未遂论的概述中,我们可以看出,主观未遂论明显是以主观危险论为理论出发点的。主观危险论认为:“危险不是发生在外在世界的客观状态,危险只是人所从事的主观判断。进一步而言,建立于机械因果关系‘条件说’的主观危险理论,由于受机械论的世界观影响,以为存在者唯有必然性,否认偶然,所谓‘可能性’因而只是‘无知’的产物,只不过是主观的想象。现实世界仅存在‘侵害必然性’,包括正反的‘侵害’与‘不侵害’,而没有可能性。既然一切都已决定,遂因而主张‘危险’只有在基于过去的事实状态,猜测未来状态的人的眼中,始有可能性存在。所以,可能性乃人类在‘无知’的情况下所作的主观判断。"[1]主观危险论反对有所谓的"发生侵害结果的客观盖然性",即反对客观的危险概念。因为所有事件的发生与不发生都有其确定性,假如我们能够预知一切影响事物发展进程的因素(条件),那么就只有"发生和不发生",而没有"可能发生"存在的余地。正因为人类无法预知这一切因素,所以可能性或者危险只能存在于事前的人们的主观臆测之中。例如,在瞄准靶心射击之时,我们可以"猜测"射中目标的可能性,亦即有可能击中也可能脱靶,这是因为我们无法预知影响射击精度的一切因素是否会发挥实际的影响,但是当脱靶成为现实之后,我们会发现这是因为射击过程中的风向、湿度、温度以及射击者的心跳频率、手部发力的动作等因素影响了射击的精准度导致最终的脱靶,所有这些事后查明的因素和条件决定了脱靶这一结果,换言之,从事后观察,命中或脱靶都具有确定性,当然也就不存在所谓的"可能命中",可能性(危险)因此就是一种人类出于"无知"(无法预知那些具有决定性的因素和条件)而产生的一种主观臆测和判断。

三、客观危险论

客观危险论认为,危险指的是客观可能性,而客观可能性的

---

〔1〕 M. v. Buri, Gefahr und Versuch in der zweiten Auflage des ersten Bandes der Normen, in: Beiträge zur Theorie des Strafrechts und zum Strafgesetzbuche-Gesammelte Abhandlungen, Neudruck der Ausgabe Leipzig 1894, 1997, S. 368ff.

基础是相当理论，因此客观危险论需要借助相当理论的基本原理来阐明危险的本质。德国学者冯·克里斯(Von Kries)是相当理论的首倡者，[1]客观可能性是其建构相当理论的一个基础性概念，而客观可能性又是从数学上及统计学上的盖然性原理导出的。因此，首先需要理解的是盖然性(或概率、频率)的问题。

“事物存在状况和发展趋势的盖然性在古代已被发现。机械决定论的主要代表拉普拉斯也是概率论的创始人之一，虽然概率论同机械决定论是不相容的。抛钱币、掷骰子时，每一次的结果是不确定的，似乎不存在任何必然性。但是假定钱币或骰子的材料十分均匀，制作十分精致，抛掷的次数越多，每一面出现的次数就越接近一定的比率(钱币为 1/2，骰子为 1/6)。因此，一次是不确定的，多次就是比较确定的，而且每一次的不确定也包含了一定比率的确定，就是说，钱币有 1/2 的确定性，骰子有 1/6 的确定性。”[2]作为数学理论以及社会学的统计领域的盖然性理论，在法学研究领域也产生了巨大影响，冯·克里斯

---

〔1〕 冯·克里斯(Von Kries，1853—1928 年)是佛莱堡市的生理学家(医生)兼逻辑学家，相当理论的原理虽然并非始于冯·克里斯，而是可以远溯至冯·巴尔(Von Bar)，但“相当的”(adäquat)这个概念的确是冯·克里斯先提出来的。参见许玉秀：《当代刑法思潮》，中国民主法制出版社 2005 年版，第 371 页。

〔2〕 肖前主编：《马克思主义哲学原理》(上册)，中国人民大学出版社 1994 年版，第 212 页。

就认为,盖然性(概率概念)能够运用到法律当中,并由此提出了相当理论。冯·克里斯同样是以掷骰子为例,他认为"每一面被掷出的概率通常而言皆为1/6,因此在事实的发生比率上,的确有一个客观上有效的比率(objektiv gütiges Verhältnis),这个客观上有效的比率关系和个人期待无关,亦即客观的盖然性不受主观认知影响。"[1]冯·克里斯借助"规律性"和"相当的"这两个概念,进一步阐述了这种客观盖然性的内涵。"他指出,在社会现象中,我们经常看到有些同样的或类似的事件不断地重复发生,频繁地重复发生就是'规律性',从可能性理论可以较容易理解'规律性'。[2] 所谓发生事件的'较大可能性',即表示具有导致结果发生的一般条件存在,有这种一般条件,表示有'常数'存在,这种常数就是规律性的基础。"[3]在法律研究中上述"规律性"概念的运用体现为,当我们要追究"一个行为是否可能造成一个特定结果"时,我们根据的就是这种规律性

---

〔1〕 v. Krise, über die begriffe der wahrscheinlichkeit und möglichkeit und ihre bedeung im strafrechte, ZStW9(1989),528. 转引自许玉秀:《当代刑法思潮》,中国民主法制出版社2005年版,第372页。

〔2〕 在当代的哲学思维观念中,把规律区分为动力学规律和概率统计学规律被认为是对必然性理论的发展。我们应该承认并重视概率统计这种类型的规律,但不能认为概率统计规律已经取代了动力学规律,更不能认为必然性就是盖然性。还应注意,动力学规律在最初往往作为统计学规律出现,即往往是统计的结果或归纳的结果,仅知其然而不知其所以然。这时就需要进一步收集材料并加以分析研究,借以确认它是动力学规律还是概率统计规律。

〔3〕 许玉秀:《当代刑法思潮》,中国民主法制出版社2005年版,第372页。

所形成的"生活通则"。"如果一定的行为有增加特定结果发生的可能性,则可以认为该行为和特定结果之间具有一般的因果关系。这种一般的因果关系和具体引起结果发生是两回事。仅仅是具体引起结果,尚不足以构成归责的理由……只有那种根据人类社会一般关系而言,足以导致特定的侵害事实发生的违法行为,才是相当,否则即是不相当的。"[1]

从上述冯·克里斯关于相当理论的原理阐述中,我们可以抓住以下几个关键点:第一,在已经形成了关于"某行为具有导致特定结果发生的一般条件"这种规律性认识的前提下(这种规律性认识源于对"一事件伴随另一事件反复发生"的经验观察和总结),我们便可以得出某行为具有导致某特定结果发生的客观盖然性的结论。第二,某行为具有导致(或增加)特定结果发生的客观盖然性,我们就可以认为该行为和特定结果之间具有一般的因果关系。在这里还需要明确的是,所谓的概率并不是泛泛而谈的,而是在它所反映的相应类型的事件的描述中确定的相对频率。哈特在其《法律中的因果关系》一书中曾对冯·克里斯所提出的"增加特定结果发生的可能性"提出如下疑问:"冯·克里斯没有说明他所说的显著增加危险性,是指一个行为相当明显地增加了这种危险性,还是指将这种危险性提

[1] 许玉秀:《当代刑法思潮》,中国民主法制出版社 2005 年版,第 372 页。

高到了一个相当危险的程度。这在实践中可能是比较重要的。假设有一种罕见疾病是只有面包师才会得的，非面包师感染这种疾病的概率是零。所以，A 成为面包师的行为使他所感染这种病的危险性比较此前的这种危险性来说，得到了无限大的增加，可是成为面包师并没有引起感染这种疾病的任何相当大的危险。"[1]但是，根据冯·克里斯的立场，A 成为面包师之所以没有增加 A 患罕见病的客观危险，是因为"面包师患上这种罕见病"本身不具有客观盖然性，就如同"雷雨案"中侄子劝说叔叔在雷雨天去树林散步，其劝说行为并没有将死亡概率增加到一个相当危险的程度。尽管相较其他人而言，成为面包师的 A 患罕见病的概率是得到了无限增大，但是在所有的面包师当中，患上这种罕见病的面包师的概率还是极低的；同理，相较雷雨天不去树林散步的人，去树林散步而遭雷击的概率得到了明显地增大，但是即使在树林散步，其遭雷击的概率同样是极低的。即使 A 最终患上了那种罕见病，又或叔叔果然被雷击中而死亡，也不能认为"A 成为面包师"或者"侄子劝说叔叔去树林散步"与结果之间具有一般的、相当的因果关系。第三，"一般的因果关系"不同于事实上的行为与结果之间的引起和被引起的物理性因果联系。只有具备了一般的（相当的）因果关系时，才能决

[1] [美]H. L. A. 哈特、托尼·奥诺尔：《法律中的因果关系》（第 2 版），张绍谦、孙战国译，中国政法大学出版社 2005 年版，第 426 页。

定归责。当然,尽管我们拥有考察因果关系一般化的能力,但是冯·克里斯本人也承认,一个区分相当或不相当的固定规则是不可求的。

客观可能性的概念来自相当理论,也可以认为客观可能性是相当理论的核心。而这种客观可能性即前面提到的客观盖然性,其本身具有客观性并且和主观认知无关,这就从根本上否定了条件理论以及建立在条件理论上的主观危险论。在已经形成经验知识(“某行为具有导致特定结果发生的一般条件”)的前提下,可能性判断确有其客观性:由于每个人的社会经验而积累了许多“若甲则乙”的“常则”知识,依据此种经验知识的积累,我们就可以认为甲与乙之间的关系是相当的,也就是甲(行为)在一般情形下,足以导致乙(损害)的发生,在此范围内已保持客观性的认识。冯·克里斯遂将危险定义为侵害发生的客观可能性。判断行为的危险,其实是判断该行为是否具有导致结果发生的客观盖然性,也就是判断行为与结果之间是否具有一般的因果关系,危险概念不能以自然主义的因果观念考察,特别是在刑法理论将因果关系问题与归责问题明确区分开来以后,危险概念实际上属于行为归责领域要讨论的问题。〔1〕

〔1〕 为了说明客观的危险概念的合理性,就必须舍弃自然主义的因果关联的考察,危险概念由此被定位在行为归责的领域。换言之,危险概念并非描述性概念,而是一个在行为归责领域被讨论的评价性概念。

四、我国学者的相关论述

目前,我国也有学者注意到了主观危险论和客观危险论在认识论上把握危险概念的差别,但没有对此展开进一步的研究。[1] 例如,有学者将主观危险论和客观危险论理解为“主观推断”和“客观状态”,并对其作了如下分析和评价。[2] 就主观的危险而论,该理论多以康德哲学为出发点,建立在不可知论的基础之上。在这种理论的指导下,主观的危险论者认为,事物的发生与否都是必然的,不存在所谓的可能性。危险也不是客观世界所存在的概念,而只是人类主观中所作的一种判断。因而,主观的危险论认为危险不是状态,而只是一种判断。客观危险论强调危险是一种状态,而非判断。[3] 但是,这种分析不符合主观危险论和客观危险论之间对立关系的本质。主观危险论以条件理论为基础,条件理论认为所有事件发生(或不发生)的条件都具有等价性,所有的条件都是结果发生的原因,在没有发生

---

〔1〕 参见张明楷:《未遂犯论》,法律出版社、成文堂 1997 年版,第 222 ~ 224 页;李海东:《社会危害性与危险性:中、德、日刑法学的一个比较》,载《刑事法评论》(第 4 卷),第 25 页以下;陈家林:《论刑法中的危险概念》,载《云南大学学报》(法学版)2007 年第 2 期。

〔2〕 参见陈家林:《论刑法中的危险概念》,载《云南大学学报》(法学版)2007 年第 2 期。

〔3〕 参见陈家林:《不能犯初论》,中国人民公安大学出版社 2005 年版,第 162 ~ 163 页。

结果的场合(未遂的场合),行为时存在的一切客观条件导致结果必然不会发生,因而客观上没有可能性存在的空间;客观危险论者以相当理论为基础,相当理论认为在所有条件中,只有那种在“与结果发生具有一般因果关系”的条件,才能被视为结果发生的原因,原因与结果之间的“一般的因果关系”和结果的具体发生是两回事,即使事实上结果没有发生,也不能否认行为和结果之间的一般的因果关系,即行为导致结果发生的客观可能性。主观危险论和客观危险论的最大差别在于,是否承认客观可能性。将主观危险论和客观危险论的区别定位在“主观推测”和“客观状态”,其实并没有抓住问题的实质。

五、对主观危险论与客观危险论之争的评价

(一)主观危险论不可取

主观危险论者反对在事后的角度建构危险概念,因为从事后的结果来看,所有的结果发生与不发生都具有经验法则上的必然性,结果的发生与不发生都是必然的,而导致结果发生与不发生的所有条件都具有等价性,不存在“相当的”原因和条件的区分,因而不存在所谓的可能性。但是人类又不可能预知所有影响结果发生与否的条件,所以可能性或者危险只是一种事前的猜测,是人类无知的产物。然而,在本书看来,主观危险论并不可取,理由如下:

首先,主观危险论不符合人们日常生活中关于危险的常识观念。例如,不是所有上战场的士兵都能平安回到后方,那些幸免于难的士兵,尽管在战场上活了下来,但是不可否认他们曾经陷入死亡的危险中。但是,在主观危险论看来,在战场上生还或者牺牲,都是决定性的。德国的客观未遂论者希佩尔(Hippel)对此提出了强烈批判:"那些从战场回到故乡的士兵都没有陷在危险之中。他们[指的是条件理论的代表学者以及主观危险论者冯·布里(V. Buri)和德国帝国法院的见解——作者注]这样认为,他们的家乡也这么认为,这是德国全国的主观错误。"[1]可见,主观危险论并不符合人们关于危险概念的常识观念。

其次,主观危险论者仅承认事前的主观上的危险,而认为在事后看来就无所谓危险不危险。但是,如果继续深入追问,这种事前的危险如何得出的,恐怕主观危险论者也必然会回到和客观危险论者一样的判断思维上来,同样离不开相当性判断。虽然对于所有在战场上存活下来的士兵来说,已经没有讨论他们是否有死亡的危险的余地,但是在他们踏上战场之前,主观危险论者还是会认为他们有死亡的危险,之所以会得出这种结论,是

〔1〕 See Reinh. v. Hippel, Gefahrenurteile und Prognoseentscheidungen in der Strafrechtspraxis, 1972, S. 23f. 转引自蔡惠芳:《从危险犯理论论不能安全驾驶罪》,台北,台湾大学法律研究所2000年博士学位论文,第27页。

因为存在“踏上战场的行为和死亡结果之间具有一般的因果关系”这种“常则”存在，而建立这种常则的理论必然只能回归到相当理论中寻求。[1]

最后，由主观危险论者所认为的危险，其实相当于后文所要探讨的抽象危险，其实质在于只是在行为的主观层面、以事前的角度讨论危险概念，否认有所谓的事后的、具体的危险，并以此为基础导出主观未遂理论，认为未遂犯的处罚根据，就在于这种行为主观层面的、事前的抽象危险。但无论是在立法层面还是刑法理论中，具体危险是客观存在的而且是可以对其展开判断的，各国刑法中的具体危险犯的规定就是明证，即便是在未遂犯领域，具体危险作为未遂犯实质的处罚依据已经被广泛接受。

（二）客观危险论之提倡

主观危险论属于认识论上的机械决定论，并且从前述“战

---

〔1〕 当然，本书在此所作的上述推理和分析，只能说是对主观危险论者界定主观的危险的论证过程的一种推论，但是这种推论可由下述条件理论的支持者关于故意的界定中得到有力的证明。在德国，持条件理论的刑法先哲诸如弗兰克（Frank）、韦尔策尔（Welzel）、恩吉斯（Engisch）、阿明·考夫曼（Armin Kaufman）等均认为，故意不是一种单纯表现行为人对结果发生的祈愿或者随意的可能性认知，而是以行为人有可能实际促成结果发生为前提，如果只是希望意外的结果和他的行为结合，则欠缺实现的意思，即无故意，也可以说故意就是行为人在心理上作成一个客观上相当的判断。参见许玉秀：《当代刑法思潮》，中国民主法制出版社2005年版，第365～367页。

场”示例中,也可以看出其与常识观念不符。因此,客观的危险论是本书所持的立场。理由如下:

首先,主观危险论否认客观的危险概念看似有力,但如若全面了解相当理论的实质内容,这种对事后危险的诘难则会不攻自破。危险概念之所以有其存在意义,就在于当现实结果没有发生时,我们的确还能够就发生结果的可能性作一番讨论,这种讨论之所以有效,根源于客观危险论的基础——客观盖然性。还是以掷骰子为例,尽管每一次掷出骰子的结果是不确定的,但是出现六点的客观盖然性正是从这些不确定当中而来,“每一次掷骰子出现一个六点的客观概率是 1/6,而所观察到的那些并非正好是 1/6 的那些频率,都只是这一概率的各种表征。”[1]所以,尽管事后出现的是一点、二点、三点、四点、五点的结果,这正好是出现六点的客观盖然性的表现。同理,用枪杀人的行为具有导致死亡、伤害或毫发无损等结果的客观盖然性,而事后出现的伤害或者被害人安然无恙的结果,都是死亡的客观盖然性的征表,即使事后没有发生致人死亡的结果,也不能否认行为具有致人死亡的危险。

其次,正如前文所述,对危险概念的考察应当舍弃自然主义的因果观念,而将其置于行为归责的领域中讨论,“危险”是一

---

〔1〕[美]H. L. A. 哈特、托尼·奥诺尔:《法律中的因果关系》(第 2 版),张绍谦、孙战国译,中国政法大学出版社 2005 年版,第 424 页。

个评价性概念,其与(客观)归责理论密具有密切关联。归责理论是全部刑法理论问题的原点,而归责理论又是从相当理论的基础上进一步发展的结果。[1] 客观盖然性又是相当理论借以产生和发展的核心概念,这种严密的理论发展逻辑更加凸显了客观危险论的重要地位。

最后,建基于客观危险论的客观未遂论,对危险进行事后判断,以行为引起的具体危险作为未遂犯的处罚根据,有利于限制未遂犯的处罚范围,具备抽象危险的行为,只有在这种抽象危险现实化为具体危险时,才符合未遂犯的不法要求。而否认客观危险概念的主观危险论,在未遂犯的处罚根据上采取的是主观未遂论,认为未遂犯处罚的实体实际上仅仅是行为人的法规范对立态度,这属于在犯罪论中已经退出历史舞台的典型的主观主义刑法态度。

客观危险论的思维是一种一般化的抽象思维,它通过一般性的经验法则对结果发生的客观盖然性展开一种一般化的、客观的考察,其本身具有客观性并且和个别的主观认识无关,这就从根本上否定了条件理论以及建立在条件理论上的主观危险论。总之,以发生侵害的客观盖然性界定的危险概念,使"在结

---

〔1〕 参见[德]许乃曼:《关于客观归责》,陈志辉译,载许玉秀、陈志辉合编:《不移不惑现身法与正义——许乃曼教授刑事法论文选辑》,台北,新学林出版股份有限公司2006年版,第542页以下;[德]克劳斯·罗克辛:《德国刑法学总论》(第1卷),王世洲译,法律出版社2005年版,第244页。

果没有发生的情况下判断危险”具有了坚实的方法论基础。至于如何在具体的事例中以事后的立场具体地判断行为有无危险,是阐明危险概念之后需要进一步解决的关键问题。

第二节　危险的判断构造

通过前述对危险概念的分析,我们可以认为,危险的本质即发生结果的客观盖然性。换言之,即使在结果没有发生的情况下仍然可以肯定危险的存在。当然,在抽象—逻辑性思维层面界定的危险概念不能代替对特定的、具体时空条件下的行为的危险判断。它的作用在于:为厘清危险的判断构造奠定理论基础,以及为具体地判断行为的危险提供方法论上的支持。[1]

一、抽象危险与具体危险的划分

有关危险概念的定义,德国学者希尔斯(Hirsch)曾经有过如下论述:德国刑法理论中通称的具体危险与抽象危险的分类并不符合现实的事态,应当以“危险犯”(Gefährdung-Delikte)与“危险性犯”(Gefährlichkeits-Delikte)的区分取代之。在德语

---

〔1〕 亦即为危险判断的事后立场奠定坚实的方法论基础。

中,“危险”(Gefährdung)一词是及物动词转成的名词(Transitives),亦即“给某客体带来危险”。因此,“危险”(Gefahr)一词如目前通说所理解的,是出现法益陷在险境中的一种“状态”(Zustand)。同时,虽然危险状态来自行为,但却没有造成现实上的损害。“危险”(Gefahr)一词不能用来指行为,只能说明事实状态。希尔斯认为,严格说起来,只有通说所称的具体危险犯才称得上是“危险犯”。与此相对,“危险性犯”不涉及“危险的结果”,而是涉及行为的危险性。[1] 在德语语境中,希尔斯的理论区分了危险和危险性的不同意义和用法,并主张以此代替传统的抽象危险和具体危险的区分,其实两者所指涉的内容并无二致。鉴于我国刑法学讨论的具体语境,本书在此仍沿用抽象危险和具体危险的用法。就日常用法而言,“危险”一词在汉语中也存在上述“抽象危险”与“具体危险”的区别。例如,《战国策·齐策》中有“能危山东者,强秦也”;《论语·泰伯篇》中有“危邦不入,乱邦不居”等用法。前者是指由于强大的秦国存在,使山东处于被侵吞的危险状态,后者表达的是不遵守礼仪的国家本身具有危险性,所以称为“危邦”。同样的“危”(危险),却具有两种不同的含义,如果将其引入刑法中危险概念的界定,则可以认为行为的危险既可以用来指涉行为本身具

〔1〕 Hirsch, Gefahr und Gefährlichkeit, Arthur Kaufmann-FS, 1993, SS. 550, 558.

有导致侵害结果的一般属性，又可以用来说明行为客体所处的具体危殆状态，两者的区别在于判断层面和判断角度的不同。

总之，抽象危险所关注者乃行为本身的危险，其判断可以脱离行为的实际展开过程以及具体的行为客体，就行为本身而展开抽象的、一般化的判断，至于客体是否陷入行为所导致的具体危险状态之中，则在所不问。[1] 希尔斯因而将此意义的危险称为危险性，亦即行为本身的一种属性。具体危险则是指客体（对象）陷入可能遭受侵害的事实状态，其所关注者乃行为在实际展开过程中给客体带来的实在影响，离开客体则无法判断具体危险。希尔斯认为此乃危险的真义，在刑法中只有具体危险犯才能真正称为危险犯。[2] 既然可以将行为的危险在形式上区分为抽象危险与具体危险，那么危险的判断则也包括了抽象危险的判断和具体危险的判断。

二、抽象危险

对行为的抽象危险进行判断，始终无法回避的问题是如何确定判断的对象。行为引起外界的变化具有多样性和不可控性，现实的因果历程往往会和行为人当初设想的因果经过不一

---

〔1〕 参见黄悦：《危险驾驶罪的法律特征与司法适用研究》，载《中南大学学报》（社会科学版）2013 年第 2 期。

〔2〕 未遂犯实质处罚根据的危险以及具体危险犯中的危险都属于具体危险。

致,行为人唯一能够控制的因素即自己的身体动作,如要真正了解这种物理性的“身体动作”是一种什么行为,唯一判断的根据是行为人的主观内容,这是从行为的构造得出的必然结论:行为是主观见之于客观的过程,欲界定行为的性质,必须首先从行为人的认识内容着手。“将一个吸毒昏迷的人弃置于寒冬的荒野,究竟是应该选择遗弃罪的构成要件或杀人罪的构成要件作为对应判断的依据,必须问行为人的故意方才能得知。”〔1〕总之,抽象危险是一种事前的危险,应当以行为人认识的内容为判断对象,以经验性法则为标准对行为的抽象危险展开判断。如果以行为时的全体事实作为危险判断的基础,则和后述具体危险的判断没有实质区别。

这里有必要说明的是,抽象危险以行为人的认识内容或者应当认识的内容为判断对象,这是否就等同于:有故意或过失的行为才具备抽象危险,抽象危险的实质即行为人主观上的故意、过失心理所表现出来的法敌对意志?就本书主张的抽象危险看来,上述质疑是当然可以想见的,并且必须予以澄清。本书的观点是,抽象危险指的是行为的危险属性,属于行为的危险范畴,而并非主观犯罪意思的危险。行为的主观面在这里仅具有“确定行为是行为人自己的行为”的作用,即行为的主观面是

〔1〕 许玉秀:《主观与客观之间》,法律出版社2008年版,第32页。

行为人和行为之间的媒介。因此,以行为人的认识内容或者应当认识的内容作为抽象危险的判断资料,其实质在于确定行为本身的归属性,而非表明抽象危险是一种敌对法规范意思的危险。

三、具体危险

具体危险的实质即抽象危险的现实化,具体危险的判断即抽象危险现实化的判断。欲理解何为抽象危险的现实化,则必须对行为、行为在现实中的展开过程,以及事前判断与事后判断等范畴有一个清晰的把握。行为是指行为人在认识和意志支配下的身体动静。[1] 行为的性质决定于行为人的主观层面,例如,主观设想的是用枪射杀被害人,则其行为就是一个用枪杀人的行为,这种行为一般具有致人死亡的客观可能性,所以刑法上可以认为其行为具有致人死亡的客观危险,对狭义的行为(行为本身)所进行的危险判断,就是抽象危险的判断。行为在现实中的展开,是指行为人的主观意思在客观世界的实现过程。

---

〔1〕 行为理论是刑法研究中的难点问题,也是建构刑法理论的基石,本书主要内容集中于行为的危险,因此也无法避开行为理论的探讨,但因为主题和篇幅的限制,无法在此展开细致的论述。关于行为理论的大致发展脉络,主要有因果行为论、目的行为论、社会行为论、人格行为论几种观点。本书认为其中最具有实质性意义的是因果行为论和目的行为论之间的对立,社会行为论和人格行为论主要是在调和前两种理论对立的基础上产生、发展的。

对这种实际展开过程中是否发生了危险的判断,即具体危险的判断。[1] 例如,甲购买了一包砒霜准备掺入乙的饮食中毒害乙。根据我们的经验认识,服用(一定量的)砒霜具有导致人死亡的客观可能性。当甲以上述毒害乙的意思实施了其行为,我们即可以仅就其行为,根据上述"(一定量的)砒霜具有致人死亡的客观危险"的经验法则,判断甲的行为具有致人死亡的危险,但是这种判断具有一般性和抽象性,即可以脱离现实中的具体条件和特定客体(被毒害的人),而展开一般性地、抽象地判断。但是,当我们欲针对乙是否实际陷入死亡的危险状态进行判断时,就必须考虑甲掺入的食物中的是否还是其原来购买的具有致命毒性的砒霜(此处会遇到刑法教科书中讨论的"误把白糖当砒霜"的经典事例),乙是否按照行为人设想的计划食用了该有毒食物、乙在食用后基于何种原因得救等事后判明的所有因素,在此基础上进行规范性的判断。因此,如何进一步建构具体危险的判断构造就成为危险判断的关键课题。[2]

---

〔1〕 将行为区分为(狭义的)行为和结果,是刑法理论上的共识。行为的客观实现过程,从区分狭义的行为和结果的角度来说,其已经脱离狭义的行为(身体动静)的范围,属于行为所引发的结果。

〔2〕 具体内容参见本书第三章第三节"四、具体危险的判断"。

第三节　抽象危险和具体危险的关系

抽象危险和具体危险的区分，其所表述的并不是两种实体上不同的危险，而是对行为的危险以不同角度，在不同层面的区分和建构。以往的刑法理论对危险的研究，往往将两者割裂开来，而陷入论争危险究竟指的是"行为危险"还是"结果危险"的泥沼之中。[1] 本书认为抽象危险和具体危险均是行为的危险所不可缺少的要素，具体论证如下。

一、抽象危险是不法评价的起点

从日本昭和三十七年（1962 年）最高裁判所关于不能犯的一则案例展开。该案具体案情如下：[2]一名男子首先给自己智力发育迟缓的侄女购买了高额的生命养老保险，然后为了欺诈这笔保险金而企图杀害自己的侄女。他反复思索杀人的手段，最后想到了运用注射空气的方法。一天，这个男子对在田里干活的侄女说："叔叔给你注射一种对身体很好的药。"于是，他在

---

〔1〕 参见黄悦：《学派之争视阈下刑法危险概念探析》，载《西南民族大学学报》（人文社会科学版）2014 年第 6 期。

〔2〕 参见［日］西原春夫：《犯罪实行行为论》，戴波、江溯译，北京大学出版社 2006 年版，第 94 页。

$20cm^3$ 的注射器中注入大约 $5cm^3$ 的水，剩余的部分注入空气，随后就给自己侄女的手腕静脉注射了两只这样的制剂。一般认为，如果 30～$40cm^3$ 的空气进入血管的话，由于血管很细，血会流干而致人死亡。但是，这个女孩并没有死亡。于是，事情败露之后，该男子以杀人未遂被起诉了。该行为最终是否能评价为杀人未遂的犯罪，关键在于如何判断行为的危险。按照当时法医的鉴定，注射 $70cm^3$ 以下的空气一般不会致人死亡，而注射 $300cm^3$ 的空气必定会致人死亡，但法医同时认为，如果考虑受害者的体质以及当时的其他情况，也不能说绝对没有引起死亡结果的可能。本书先抛开当时日本法院的结论及具体判决理由，而就该行为分别进行抽象危险和具体危险的考察。

我们以“注射 $70cm^3$ 的空气具有致人死亡的盖然性，注射 $30cm^3$ 的空气在一般情况下不具有致人死亡的盖然性”（除非出现受害人罕见体质等极其偶然的因素）这一医学上的经验法则作为判断标准，回到本案中，如果现实中并没有出现“受害人罕见的体质”那种极偶然的因素，受害人最终没有死亡是一般人可以明显预见到的。那么，我们就可以认为，受害人不曾陷于死亡的危险之中，也就是本案没有发生具体危险。之所以这么认为，是以“注射 $30cm^3$ 的空气”的行为本身没有危险性为前提的。因此，根据“注射 $30cm^3$ 的空气一般不具有致人死亡的盖然性”，我们首先就能够一般地否定该行为的抽象危险，而如果行为不具备抽象危险，也就缺少了（就具体危险或者结果）归责于行为的前提，即使偶然地出现了（客体）陷入危险状态或者出现了损害结果，也不能将此种危险状态（或者损害结果）归责于该行为。例如，甲在超市购买白糖作为制作点心的原料，其实白糖被暗中掺入了大量的砒霜，结果甲的客人在食用点心之后濒临死亡。在这一示例中，不能否认客人陷入了死亡的具体危险。但是，甲的行为也只不过是用白糖制作的点心给客人享用的行为，按照前述抽象危险的判断构造，该行为不具有致人死亡的抽象危险，[1]因而这种具体危险不能归责于甲的行为，而应当归责于暗中将砒霜掺入白糖的行为，也就是该第三人的行为引起了具体危险。

"将条件关系的行为宣布为违法不一定是有意义的，因为将一个行为宣布为违法的目的是禁止这种违法行为，或者说是使一般人不实施这种违法行为。说一个行为造成了他人死亡（事实），并不意味着该行为是违反规范的（价值）；将一个有重大因果偏离的结果归属于行为人，并不利于预防一般人造成这种结果。所以，必须目的性地判断什么行为是违法行为。"[2]同理，一个行为现实地引起了一种具体危险，并不能就此表明这个

---

〔1〕 也许有观点会认为甲不具有杀人的故意，但细究起来，甲的行为不具有致人死亡的抽象危险才是最具基础性的，无论是主观归责还是客观归责，这种抽象危险的判断都必须作为归责的前提来把握。

〔2〕 张明楷：《也谈客观归责理论》，载《中外法学》2013年第2期。

行为就是刑法所禁止的危险行为。例如,上述举例中甲的行为,尽管其的确现实地引起了客人死亡的具体危险,但并不能就此将其行为评价为刑法禁止的杀人行为,其理由就在于甲的行为本身没有危险性(抽象危险)。也就是说,其行为并不具有导致死亡结果发生的客观盖然性,即便(事实上)意外地引起了具体危险,这种具体危险也不能归属于该行为。仅注重结果危险,属于纯粹的结果无价值论的观点,当今世界范围内的不法理论,已经形成了一个不可推翻的共识性命题:不法是指行为所引起的法益侵害或者危险。不法并非单纯的结果不法,而是由危险性行为所引起的不法侵害。也就是说,如果行为本身不具有侵害法益的危险性,即使事实上引起了具体的危险状态或者实害结果,这种具体的危险或者结果也不是刑法所禁止的不法。例如,怂恿他人在雷雨天外出散步,即使发生了雷殛的结果,这种死亡结果也不是符合构成要件的不法结果。因为怂恿散步的行为属于意外的、不能预见和支配的、一般的生活中的风险性行为,这种不具有致人死亡的客观盖然性的行为,根本就不是构成要件描述的具有侵害危险性的行为。换言之,行为具有侵害法益的危险性,即行为的抽象危险,是刑法不法评价的起点。

当前我国学界对待客观归责理论的态度处于激烈的讨论中,对于其中的具体内容本书在此不予讨论。但值得注意的是,无论是客观归责理论中的“行为制造不被允许的危险”,还是以实行行为、结果、因果关系作为构成要件理论的基本要素，判断行为是否制造不被允许的危险或者行为是否构成要件规定的实行行为，都是构成要件符合性判断过程中基本步骤。“在所有涉及所谓受非难之危险之制造的问题中，根本不会涉及结果归责，而是涉及‘是否存有一个非难的构成要件该当行为’这个问题。正确的只是，在这个要求与结果归责之间存有某种关联：如果行为人根本没有从事构成要件该当行为，那么所发生的结果（当然）也就不能归责到他身上，但不能归责的原因是欠缺构成要件该当行为。”〔1〕这就说明，无论是客观归责所要求的行为制造不被允许的危险，抑或是实行行为所要求的行为本身具有侵害法益的危险性，两者都必须在结果归属（或者因果关系的判断）之前，对行为本身的危险亦即行为的抽象危险展开判断。

二、具体危险体现了结果不法的要求

以上所用来讨论抽象危险和具体危险之关系的案例，均属于行为本身不具有抽象危险的情形，这是否意味着只要行为具有抽象危险，就必然会引起具体危险，从而可以归责于行为？答案当然是否定的。例如，甲本欲购买毒药杀害乙，结果买到的是

〔1〕［德］沃尔冈夫·弗里希：《客观的结果归责》，蔡圣伟译，载陈兴良主编：《刑事法评论》（第30卷），北京大学出版社2012年版，第253页。

营养品;丙误以为床上躺着的是其仇人丁而举枪射击,结果床上空无一人;如果对上述甲、丙的行为作抽象判断,则其行为都具有抽象危险,但是否能据此而肯定未遂犯的成立?本书认为,抽象危险尽管是具体危险的归责前提,但抽象危险的判断不能代替具体危险的判断,更不能以抽象危险作为未遂犯处罚根据。正如前文所述,具体危险是对行为的抽象危险现实化情况展开的具体的、规范化的判断,其实质是在行为不法判断之后对结果不法的进一步检验。行为的抽象危险是行为的危险的判断起点,但绝不是危险判断的全部。根据二元不法论,行为本身所具有的抽象危险只有在现实化为具体的危险(或侵害结果)的场合,才契合了二元的不法理论对行为不法和结果不法的要求,两者缺一不可。抽象危险是就行为本身的危险性展开的一种抽象的、一般的判断,实际上其判断的实体是行为的主观面,如果仅以这种行为本身的危险性作为不法的根据,这无疑倒向了纯粹的行为无价值论,距离主观违法性论也只有一步之遥。尤其是在未遂犯领域,仅仅注重抽象危险的判断会导致在不能犯的判断上采取抽象危险说,进而扩张未遂犯的处罚范围。[1]

事实上还存在一种无法归责于行为的“危险”。例如,乙是

---

〔1〕 抽象危险说认为,除了迷信犯和重大无知的未遂,所有的未遂犯都具有可罚性。

一位隐性血友病患者,甲客观上无法预见这一情况并以伤害的故意在乙的小腿上划了一道伤口,甲的行为不具有致人死亡的抽象危险,如果乙最终因为流血过多死亡,或者经医生全力抢救才幸免于难,那么面对此种情形,我们既不能在刑法上将乙的死亡结果或者死亡的具体危险归责于甲的行为,也不能否认乙在事实上陷入了死亡的"具体危险"之中。就像出海航行的船只在面临海啸等恶劣环境时,事实上既无法否认船员的生命和财产处于殒殁的"具体危险"中,也无法对这种"具体危险"进行归责。这种无法予以归责的危险,其实已经不是刑法规范所规制的范围,为了区别于刑法中的危险,或许将其纳入"风险"概念之中是一种妥善的解决办法。在上例中,尽管没有甲的介入行为,乙就不会陷入死亡的危险之中,但是甲的行为实际上只是实现了致乙死亡的风险,就相当于乙在生活中必须处处小心防范跌倒、磕碰等随时存在却又极不确定的风险一样。这种不具有客观盖然性、充满不确定性的危险,目前还无法纳入刑法的归责范围。

总而言之,行为的危险是由具备抽象危险的行为以及可以归属于该危险性行为的具体危险共同构成的。危险的判断包括抽象危险和具体危险的判断,二者不可分割。传统理论中的行为危险与结果危险的区分,不仅不准确,而且有人为割裂危险概念之嫌。

第四节　危险概念与客观归责理论

相当理论的提出,在刑法理论上促成了因果关系和行为归责的分离。行为与结果之间的引起与被引起的关系以及行为及其结果是否能归属于行为人,被认为是分属两个不同理论领域:前者属于因果关系的问题,后者属于行为归责的问题。因果关系理论因而成为一种纯粹的、物理的因果性联系的理论说明,由此就不难理解条件理论在德国为什么至今还是因果关系领域的理论通说,我国也有不少学者在因果关系上持条件说。既然相当理论催生了归责理论(甚至可以说无论是早期的主观归责理论,还是现在炙手可热的客观归责理论,相当理论都是其理论体系的内核),而相当理论又以客观可能性(危险概念)为运转核心,那么危险概念与归责理论之间的关系就是一个必须进一步说明的问题。

一、因果关系与归责的区分:客观归责理论的源起

客观归责理论产生于20世纪二三十年代关于因果关系领域的理论争议。催生客观归责理论的典型例子是“雷雨案”“飞机案”等一系列事例。“雷雨案”即怂恿他人在雷雨天外出散

步,而“飞机案”是意图侵夺其遗产而劝人乘坐飞机外出旅游。在这些事例中,假如最终如行为人所愿发生了侵害结果,根据当时盛行的等价性条件理论的观点,如果不怂恿他人外出,就不会发生死亡的结果,借此则可以追究行为人的刑事责任。条件论者为了避免这种无法让人信服的结论,认为这种情形属于故意领域的问题,进而通过排除故意来排除行为人的责任。但是,在客观归责论者看来,这一问题既不是因果关系问题,更不是故意问题,而是客观构成要件领域中的行为归责问题。

归责,抑或行为归属,均源自德国刑法理论中“Zurechnung”一词,其原意是“把……列入(或算作)”“把……归咎为”,即确定行为是否行为人自己的行为。归责意味着尝试区分自己的行为和意外的事实。所谓自己的行为,如康德所说的:“归责的道德意义,在于判定某个行为的始作俑者(urheber)”,即归责的是要找出客观行为(包含结果在内)的“始作俑者”。而原因(ursache)只是发生作用的因素,是属于一连串流程中的一个环节,每一个环节是等值的,但没有一个环节是有支配性的(决定性的)。归责理论则是想排除属于意外的事实,而确定始作俑者是谁。法学的因果理论对此是无能为力的。在法学的因果概念上常提到的例子,即 A 于雷雨夜怂恿 B 外出一例,从自然的因果概念来看,根本毫无问题,但这其中的问题不应该是“B 遭雷殛是否系 A 所造成?”而应该是“B 遭雷殛是否应该认定为是

A 自己的犯罪行为予以归责,或者只是一个意外的巧合而已”。换句话说,这个问题并不是纯因果关系的问题,而是一个归责的问题。因果关系的认定和行为归责判断就此被明确区分开来,这已经成为当今客观归责理论的通说。

值得一提的是,在客观归责理论看来,上述源于康德、黑格尔等人的归责思想带有浓厚的意志归责色彩,属主观归责理论。但是,就行为归责本身来说,其中的根本性问题不会因为学说上多数性意见的强势地位而自动消弭。这个根本性问题就是,行为的主观面对客观面的作用,乃至对整个行为归责所产生的影响是一个不可能被人为消除的因素。归责理论中的主观与客观的关系,是一个刑法理论纠结了近 200 年的迷思。当今的客观归责理论最引以为豪的一点就是,不法评价的对象是外在的客观行为,但是外在的客观行为恰恰反映的是内在的主观内容,行为的主观面始终决定着归责的起点。例如,甲劝乙乘坐火车,结果火车由于意外故障失事,乙在事故中丧生。根据客观归责理论的基本规则——制造不被容许的风险以及风险的实现,本案中的甲如果只是认识到了一般生活经验上的风险,则不能认为其制造了不被容许的风险;如果甲事先知道了火车有故障,则其劝乙乘坐火车的行为就是制造了不被容许的风险,并借此实现了不被容许的风险。如此一来,客观归责理论者所自诩的“客观归责理论是判断客观构成要件的理论”这一命题就无法贯彻,因为在上述案件中,对不被容许的风险的认识,也是客观归责的重要因素。

二、危险概念是客观归责理论的内核

(一)客观归责的两大基本规则

客观归责理论包含了两大基本规则:行为制造不被容许的风险以及实现不被容许的风险。“一个由实施行为人造成的结果,只能在行为人的举止行为为行为的客体创设了一个不是通过允许性风险所容忍的危险,并且这种危险也在具体的结果中实现时,才能归责于客观行为构成。”在客观归责的两大基本规则中,危险创设和危险实现是其核心概念,可以说,本书论述的危险概念的基本内容,即行为的抽象危险和具体危险,基本契合了客观归责理论中的危险创设和危险实现。危险概念由此成为客观归责理论的基础性概念。

(二)危险判断内在地包含了归责判断

作为刑事可罚性(刑事不法的)基础之危险,理当是指(人的)行为的危险,自然灾害、意外事件等“天灾人祸”不可能被评价为不法,只有在“确定能够将事件的发生归咎到某个特定人系他的‘自由意志所为’”的前提下,才能将符合客观构成要件的事件之发生认定为不法,这是当今不法理论中被普遍接受的共识,也是在德国已经取得支配性地位的“人的不法理论”的要旨和精髓所在。因此判断不法内核之危险,行为归责(行为归属)问题是必须解决的一环,就如同母亲在无法预见所购买的是严重损害婴儿肾脏机能的“毒奶粉”的情况,尽管婴儿的健康受到了严重的危害,但对于这种无法预知的危险是不能归咎于母亲的行为的,在这里要讨论的不是婴儿的健康是否受到危害(婴儿的生命和健康当然处在一种危险状态中),而是实际发生的危害结果是否应该归责于母亲的行为。亦即母亲的行为是否制造了一个刑法中的危险并因此而被刑法评价为一个不法行为。刑法不可能在行为人无法预知危险的情况下对该行为的实施与否作出禁止或命令要求,在这种情形下,该行为举止作为刑法评价的对象是不适格的。危险的判断因此内在包含了行为归属(归责)判断,客观归责理论的两大基本规则——制造法所不容许的危险以及危险的实现,前者属于判断行为的抽象危险,后者实则应当包括判断具体危险以及结果能否归属于行为这两种情形。抽象危险的判断即行为之危险属性的判断,其前提是确定何为行为人之行为。而行为的确定必须依赖于行为人的认识内容,因此抽象危险的判断模式别无其他,只能以行为人的认识内容为基础,即在行为时行为人认识和应当认识到的事实。具备抽象危险的行为,即可被评价为“制造了法所不容许的危险”。至于危险的实现,一是检视因果过程是否具有重大偏离情形,其对应的是结果犯的情形;二是判断有无具体危险,即对“法所不容许的”抽象危险进行具体地审查,其对应的是未遂犯(包括具体危险犯)的情形。由此观之,抽象危险和具体危险在本质上并非两个不同性质的范畴,而是以不同的审查角度,在不同层面对危险展开判断。

三、相当理论是危险概念的基础,所以也是归责的基础

本书要在此对危险概念的由来及发展作一个整体的描述,以此对危险概念和相当理论、客观归责理论之间的逻辑关系作一个简要的梳理,并希望能以此再次强调本章的核心思想。

危险概念和行为归责之间的关系,源于相当理论的提出。条件理论的实质是以一种存在论的方式对行为现象之间的关系进行描述,其确定的事物之间的引起与被引起的关系被称为因果联系。例如,甲原本打算乘坐汽车从 A 地前往 B 地,但是乙劝说甲改乘飞机作为交通工具,结果由于飞机出现故障,甲在事故中罹难。条件理论对这一事件是以如下方式进行阐述的:如果没有乙的劝说行为,甲就不会乘坐飞机,也就不会在事故中罹难,对结果的发生,乙的行为是“不可想象其不存在的”,因此可以认为乙的行为引起了甲的死亡结果,两者之间具有因果联系。但是,当我们以评价的观点审视这种现象时,在此具有重要意义的不是事实上的“行为和结果之间的存在性的因果联系”,而是

我们要不要把结果当作是行为人的“作品”而归属于行为。在这里,“造成结果”和“结果归属于行为”显现的是两种方法论上完全不同的理论表述,这也是区分因果关系和归责的一个理论起点。

因此,要继续追问的是,归责既然不是指“具体引起结果”的现象性描述,那它的实质内容是什么,它和条件理论所确定的因果联系之间差别体现在何处?解答的关键在于:相当性。这种相当性源于经验法则的总结,在社会生活中,当我们观察到“事物之间引起与被引起的现象反复发生”,那么这种因果联系才能被认为是相当的。一个行为具体地引起特定结果的发生,尚不足以构成归责的理由,只有当这种“具体地引起”具有一种相当性时,行为才能被归责。这种相当性的实质即根据经验法则作出的“行为具有导致结果的可能性”一般判断,相当性是一种可能性概念,是一个概率概念,因其具有客观性也被称为客观可能性——危险。相当性即危险,只有危险的行为才是能被归责的行为。

回到上述“飞机失事案”,正是因为飞机失事不具有相当性(反复出现的高概率性),因此乙劝说甲乘坐飞机的行为也不具有导致死亡结果的客观可能性,在是否将死亡结果归责于乙的行为这一问题上,其实是通过否定乙的劝说行为的危险性而否定归责的。应当注意,条件理论并不能因其无法衍生“客观可能性”之危险概念而受到任何鄙弃,因为它也从某种角度正确地反映了一种人们观察客观世界的方法。通过危险概念,相当理论只是说明了其与条件理论之别实质是归责与因果关系的区别。

第五节　本章小结

行为归责是用以确定刑法评价的客体本身的理论,也就是确定何为“行为”的理论,它是一切刑法理论问题的原点。许乃曼教授认为,“刑罚的基础必须在行为人和非期待的现象(法益侵害)之间的责任关系,换句话说,刑法上的归责(Zurechnung),需要一种外在的(存在刑法之外的)正当性(Legitimation),而不能像雅科布斯(Jakobs)只在下面的循环论断中找寻基础:刑法上被归责的,是根据刑法的规范抉择(即刑法的评价)可归责的。”[1]许乃曼认为,刑法上的归责需要有一种“外在的正当性”作为支撑,违法就是在对行为进行刑法评价之前,先确认行为是否能够归属于行为人。也可以说,归责是对“刑法所评价

---

〔1〕［德］许乃曼:《刑法上故意与罪责之客观化》,陈志辉译,载许玉秀、陈志辉合编:《不移不惑献身法与正义——许乃曼教授刑事法论文选辑》,台北,新学林出版股份有限公司2006年版,第476页。

的客体——行为——自身的评价”。“犯罪永远是人的行为，也即犯罪人相对于外部世界的有意识的行为，并通过作为或不作为使外部世界发生变化。与人的意志无关的事件永远也不能实现犯罪构成，更确切地说，人的行为是作为‘犯罪’评价的客体。”[1]归责理论最基本的意义和功能即如何确定“人的行为”，而需要确定的内容就是，行为导致结果的客观可能性——危险。

刑法所禁止的危险指的是行为的危险。危险概念的定义大体围绕客观危险论与主观危险论之间的对立展开。主观危险论以条件理论为基础，以自然主义的因果观念看待危险，其本质上是一种否定危险概念的理论。客观危险论以相当理论为基础，从价值的、规范的层面建构危险概念，更具合理性。危险的本质是结果发生的客观盖然性，客观危险论为危险判断的事后立场提供了方法论基础。危险的判断即抽象危险现实化的判断。抽象危险是不法评价的起点，抽象危险和具体危险共同决定行为的危险。

基于一种自然主义的条件，因果关系理论无法导出危险概念的真义，危险概念其实乃源于相当理论，与等价性条件理论无关，这种考察危险概念的思维方式，已经超出了纯粹的事实描述

---

〔1〕［德］李斯特著、施密特修订：《德国刑法教科书》（修订译本），徐久生译、何秉松校订，法律出版社2006年版，第167页。

的范畴，就如同源于客观盖然性的相当理论已经超出了自然主义的因果理论而属于一种价值的、评价性的归责理论一样，以客观盖然性为基础的危险概念亦不是一个自然意义上的事实的、解释性的概念，而是一个以特定认识目的为指引的价值的、评价性概念，它涉及的是盖然性问题而非确定性问题。如果从纯粹事实的角度观测因果历程（也就是纯粹的事后判断），则所有发生结果或者不发生结果的因果历程都是可解释的，因而有其必然性，这种思维方式下没有所谓结果发生的可能性存在的余地。只有以一种客观盖然性的思维观测客观因果历程，才能在既定事实中探寻一种客观的危险，即便事实上行为没有导致结果发生，只要该行为具有导致结果发生的客观盖然性，也就是结果的不发生是基于偶然的、非常态的原因而不发生，就应当肯定这种客观的危险（事后的规范判断）。我国有学者认为："危险毕竟是犯罪构成的组成部分，是规范的构成要件要素，其判断也必须从刑法规范的立场出发，而不能完全遵从自然科学的判断规律。"[1]但本书认为对此有进一步检讨的必要：危险概念既不是描述性的概念，也不是刑法规范建构的产物。换言之，离开刑法的规范标准，我们同样可以认识危险概念。就如同因果关系和归责理论能被正确和清楚地区分一样，危险概念其实和归责理

---

〔1〕 黎宏：《刑法总论问题思考》，中国人民大学出版社2007年版，第458页。

论之间具有更为密切的联系,危险和归责一样,属于对事实的评价范畴,并且是一种独立于法规范的评价范畴。至于刑法是以行为的抽象危险或者具体危险作为其可罚性的根据,则当然受到刑法(刑罚)目的等规范观念的影响,但这种规范评价不等同于事实评价本身,否则就会陷入"刑法上的危险是刑法认为有必要处罚的危险"的循环认证的怪圈。

主观危险论和客观危险论这种纯粹论理性争议,并未引起我国学者的重视,但其争论的具体内容,实乃理解危险概念的不二法门。目前我国学者对危险概念的研究,从一开始便陷入各种刑法规范理念的价值预设而纠缠不清。殊不知,在危险理论领域,同样存在一个"评价对象"和"对象评价"的问题。危险概念作为规范评价的对象,其本身也是一个评价性概念,如果缺乏"评价对象"层面的对危险概念的合理认定,又如何进一步展开规范性评价。法学研究以明辨善恶为终极价值,此乃法学之善;而追求法学之善必当以认识之真为其前提和基础,此乃法学之真。因此,"评价对象"层面的认识真假问题,亦理当占据法学研究相当重要的位置。

第三章 危险概念的展开之一:未遂犯

理论研究是为了解决问题而产生的。研究刑法中的危险,主要是为了解决危险犯和未遂犯的问题,[1]因为两者均以危险的发生作为核心的成立条件。危险概念的展开,是指针对以危险概念为基础的具体问题展开进一步的深入探讨,其中尤为重要的是危险的判断构造。众所周知,危险概念在刑法中的运用,最集中的体现就是未遂犯和危险犯中危险的界定及判断,未遂犯的处罚根据、着手的判断、未遂犯和不能犯的区分以及危险犯中危险的判断,是未遂犯和危险犯领域的核心问题,正是在未遂

[1] 需要再次提及的是,从前述主观危险论和客观危险论的论述中,我们会发现因果关系理论和危险概念之间同样具有的密切关系,因此危险概念的研究所要解决的问题,还包括危险概念与因果关系以及客观归责之间的问题。尽管这一问题目前在国内学界并未引起足够重视,但其作为危险理论中具有根基性意义的问题,不容忽略。

犯和危险犯的领域中,刑法理论关于危险概念的探讨才得以不断深化和推陈出新。本章的主要内容即讨论危险概念在未遂犯领域的展开。

在未遂犯处罚的处罚根据领域,危险无疑是一个核心概念。关于未遂犯的处罚根据,日本学者井田良教授认为,"现在的刑法学是以刑罚是针对'所已作的事情'而科以作为其反动的制裁这种观点为基础,采取所谓客观主义的犯罪理论。未遂行为人也不是以'将来也许会实施'为理由,而必须是针对'现在所已作的事情'或者'已引起的实际侵害',接受作为其反动的刑罚。这里的问题在于,在未遂行为中何为'已引起的实际侵害'"。[1] 井田良教授在该段论述准确地提出了全部未遂犯问题的核心,即一个不完全齐备构成要件的行为在何种程度上能够为刑罚处罚奠定根基。在客观犯罪论的视域中,上述问题的基本争点在于只需要行为本身具有危险性(本书所说的抽象危险)就可以满足处罚要求,还是要求行为的抽象危险必须现实化为危险状态(本书所说的具体危险)。如果将具体危险理解为一种规范意义的结果,那么这种争论还必须置于不法理论本身的争议之中以寻求根本的解答。一个完整的不法行为,其结构上必须同时符合行为不法和结果不法的基本要求,即实施了

---

〔1〕 参见[日]西田典之:《日本刑法总论》,刘明祥、王昭武译,中国人民大学出版社2007年版,第244页。

法所禁止之行为以及由此产生的侵害法秩序之结果。当今的行为无价值理论和结果无价值理论已经基本摆脱了以往的偏执，在不法判断的构造上达成了上述共识。但这并非表明结果无价值论和行为无价值论两者的趋同，可以说在未遂犯领域，两者之间的论争一直在持续，并且在结论上表现出了相当的差别，这种差别集中体现在作为未遂犯处罚根据之危险的理解和判断上，危险概念因此也成为不法理论的“试金石”。

未遂犯和不能犯的区分，是危险概念的在未遂犯领域的最集中的体现。在判断作为未遂处罚根据的行为的危险上，争论的焦点在于是否应当对行为的危险，以事后的角度展开客观的判断。“刑法上的行为必须具有侵害法益的危险性，否则不是行为”，[1]行为本身必须具有危险性的确毋庸置疑，只有具备抽象危险的行为所引起的具体危险或者结果才是刑法所禁止的侵害结果或危险。换言之，可供具体危险归责的只能是具有抽象危险的行为，这是由建基于客观盖然性的危险概念决定的。尽管抽象危险是具体危险的归责前提，但抽象危险毕竟只能决定行为本身的危险，属于行为属性的问题，至于行为在客观层面的展开过程中是否导致了具体危险（或者结果），则需要综合所有的事实条件进行事后判断。因此，未遂行为的危险不仅是指行

〔1〕［日］平野龙一：《刑法总论 I》，有斐阁1972年版，第118页。

为的抽象危险,还必须具备具体危险,才能满足行为不法和结果不法的要求。

第一节　未遂犯的处罚根据

一、未遂犯概说

对未遂犯的处罚源于刑法规范的明确要求。我国《刑法》第23条规定:“已经着手实行犯罪,由于犯罪分子意志以外的原因而未得逞的,是犯罪未遂。对于未遂犯,可以比照既遂犯从轻或者减轻处罚。”各国刑法关于未遂犯的处罚规定基本上没有太大差别。例如,德国《刑法》第22条规定:“行为人已直接着手实现构成要件,而未发生行为人所预期的结果的,是犯罪未遂。”同时,根据该法第24条第1款和第2款的规定,犯罪未遂可以比照既遂减轻处罚。[1] 日本《刑法》第43条规定:“已经着手实行犯罪而未遂的,可以减轻刑罚,但基于自己的意志中止犯罪的,应当减轻或者免除刑罚。”[2]构成要件以既遂形态为基本

---

〔1〕 参见《德国刑法典》,徐久生、庄敬华译,中国方正出版社2004年版,第10~11页。

〔2〕 《日本刑法典》,张明楷译,法律出版社2006年版,第22页。

模式,在引起了构成要件结果、构成要件要素全部充足的情况下,犯罪即可成立。然而,犯罪行为在现实中的展开往往会由于各种原因而不能达致构成要件要素齐备的状态(预备、未遂、中止),在这种情形下,从更加周延地保护法益的考虑出发,刑法必须对此设置相应的罚则。因为“若是不发生构成要件的结果则不成立犯罪从而就不能处罚的话,从法益保护主义的见地来看可能就存在着不合适的场合。比如,要是直到人的生命遭受侵害时旨在保护的刑法才能介入的话,对于生命的保护来说恐怕是不充分的。在此,将犯罪的成立提前到这样的完成形态之前,也就成了刑事政策上的要求”。[1] 因此,各国刑法关于未遂犯的规定,体现了刑法处罚早期化的刑事政策要求。与此同时,如果出于法益保护的要求而过于偏重处罚早期化的刑事政策要求,则必定会导致限制国民的行动自由,未遂犯的处罚在本质上就体现为法益保护的必要性和国民行动自由之间的矛盾和统一。总的来说,关于未遂犯的全部理论研究,必须妥善解决以下两个基本问题:一是从理论上说明处罚未遂犯的实质根据;二是合理限制未遂犯的处罚范围(从正面的角度即确定未遂犯的成立条件),其中又包括从时空维度区分预备行为和未遂犯,以及从处罚根据的实质角度区分未遂犯和(不具有刑事可罚性的)

---

〔1〕[日]山口厚:《刑法总论》(第2版),付立庆译,中国人民大学出版社2011年版,第227页。

不能犯。

从事实层面对犯罪行为展开自然的观察，其一般可以分为以下数个阶段：故意的应受处罚的行为，从有实施行为的想法至行为实施终了，在一个或长或短的路途(犯罪之路，iter criminis)中跋涉，该路途包括犯罪预备的决意、着手实施、构成要件行为结束、发生结果至行为终了。随着所有构成要件要素的实现而产生的犯罪既遂，构成完全的法定刑罚威慑。[1] 未遂犯的处罚首先需要解决的问题是，如何在时空维度区分预备行为和可罚的未遂，在刑法理论上即所谓的“实行的着手”。在德国刑法中，与我们所称的“未遂”一词对应的是“Versuch”，德文中的Versuch是动词Versuchen的名词形式，Versuchen是努力实现某种困难的事情，而“Versuch”一词更多的是意指“行为人努力完成犯罪行为的主观倾向”，是指在“主观意图支配下所达致的构成要件未齐备的客观状态”。[2] 换言之，在德文的惯用语义中，“Versuch”一词并不能将“预备行为”根据其语义排除出处罚的范围，犯罪行为在其预备、实行、未遂等阶段，均表现出了“努力完成犯罪的主观倾向”，亦即其犯罪故意都是同一的。即使在汉语语境中，“着手”的一般含义也是指“动手”和“开始或

---

[1] 参见[德]汉斯·海因里希·耶赛克、托马斯·魏根特：《德国刑法教科书》，徐久生译，中国法制出版社2001年版，第610页。

[2] 参见[德]克劳斯·罗克辛：《德国最高法院判例》，何庆仁、蔡桂生译，中国人民大学出版社2012年版，序言第5页。

准备做某事”，依此解释，犯罪的着手在用语习惯上并非特指成立未遂犯之“着手”。而当前各国刑法无论是在立法政策还是刑法理论上，都秉持着限制未遂犯的处罚范围之原则，各国刑法理论也无一例外地将着手和未遂犯的成立画上等号。[1] 因此，在“犯罪路途”（犯罪阶段）上如何区分预备行为和犯罪未遂，成为未遂犯领域的首要问题。

未遂犯的处罚范围的限定，除了在时空的维度区分预备和未遂，还需要在未遂犯处罚的实质根据层面限定未遂犯的处罚范围，即区分可罚的未遂犯和不可罚的不能犯。尽管有关不能犯的争议非常复杂，但从形式上可以作出的结论为：未遂犯具有侵害法益的危险，应当作为犯罪处罚；而不能犯由于不具有刑事可罚性的根基（行为没有引起既遂的危险），应当排除出未遂犯的处罚范围。

与未遂犯的处罚范围密切相关并且具有根基性的问题是，未遂犯的处罚根据。未遂犯的实质可罚性，可以通过各种各样的方法赋予根据，在刑法理论上主要体现为主观未遂论和客观未遂论的对立。未遂犯的处罚根据是限制未遂犯处罚范围的理

---

〔1〕 我国《刑法》总则虽然规定了犯罪预备，但在司法实践中几乎不处罚预备行为，理论上对于犯罪预备的研究也是为了和未遂行为相区别而展开的。因此，我国刑法在处罚范围的规定上实际和世界大多数国家刑法一样，对犯罪预备一般不予处罚（预备形态常态化的犯罪除外，如日本刑法中的阴谋内乱、阴谋私战等，我国刑法中的分裂国家罪的组织、策划行为等）。

论基础,主观未遂论和客观未遂论在未遂行为的具体处罚上会呈现重大差别,下文将对未遂犯处罚根据的学说展开论述。

二、未遂犯的处罚根据

尽管立法及政策上有明确的要求,但是关于为什么要处罚未遂行为,如何界定未遂犯的范围,在德国刑法学界的探讨已经有200年以上的历史,而且这种探讨直到现在仍处于持续当中。[1] 本书在此无意专门考察未遂犯的理论史,而是直接进入未遂犯理论的核心问题:未遂犯的处罚根据,以此为契机对理论发展史上的关键片段进行穿插式检讨。界定未遂犯的处罚根据,是不法理论的核心内容,并且一直以来是刑法总论的教义学中讨论最多、争议最大的主题之一。在这一问题上,客观的犯罪论和主观的犯罪论呈现出了最为激烈的交锋,在学说上的体现即客观未遂理论和主观未遂理论的对立。[2]

(一)客观未遂论:行为的危险

客观未遂理论将未遂犯的处罚中心置于行为的危险,仅以犯罪的意思实施行为,但行为在客观上没有引起既遂(法益侵

---

〔1〕 参见[德]托马斯·魏根特:《刑法未遂理论在德国的发展》,樊文译,载《法学家》2006年第4期。

〔2〕 参见[德]冈特·施特拉腾韦特、洛塔尔·库伦:《刑法总论Ⅰ——犯罪论》,杨萌译,法律出版社2006年版,第253页。

害结果发生）的危险，不能作为未遂犯罪处罚。客观未遂理论始于费尔巴哈的客观危险说。费尔巴哈在其起草的1808年刑法典草案中，明确表达了以行为的客观危险为处罚根据的客观未遂论的立场。其中第60条规定如下："未遂，在外部行为与所意图的犯罪之间没有任何关联时，即依据自然法则犯罪绝对不可能发生时，不罚（不能犯）"。[1] 具体而言，未遂是以实现犯罪为目的的外部行为，具有客观危险性，只有当某一行为违反了或者威胁到了法律，它才是违法的，仅具备违法企图，并不能给行为打上违法性的标记。[2] 由费尔巴哈发展的客观危险说认为，未遂犯的可罚性的实质根据和现实理由在于，对构成要件所保护的行为客体造成的客观危险，亦即未遂犯的处罚根据在于行为的危险而非意图的危险。因为从事实上看，犯罪行为的各个阶段包括预备、实施、完成，其意图都是一样的，亦即具有相同的故意，因此只有在行为的客观面能体现预备和未遂之间的差别，当出现侵害构成要件结果的紧迫危险时，应当作为未遂犯处罚，未遂是因为结果不法出现的客观盖然性而受刑罚处罚的，只有在犯罪行为已经开始实施并表现出实现的可能性的情况下，产生结果不法的盖然性才能得到肯定。客观的未遂理论限制了

---

〔1〕 陈家林：《不能犯初论》，中国人民公安大学出版社2005年版，第5页。

〔2〕 See Lehrbuch des gemeinen in Deutschland gültigen peinlichen Rechts, 9. Aufl. 1826, S. 42 ff. 转引自［德］冈特·施特拉腾韦特、洛塔尔·库伦：《刑法总论Ⅰ——犯罪论》，杨萌译，法律出版社2006年版，第254页。

未遂行为的范围,并且否定了不能犯的可罚性,且因为其毕竟没有产生结果,客观未遂论主张未遂犯应当减轻处罚。

客观未遂论的基础是客观主义的犯罪论,刑法客观主义注重犯罪行为的危险以及由此产生的法益侵害结果。基于对行为的危险的不同理解,客观未遂论内部又进一步产生了不同学说,主要包括形式客观说和实质客观说。其中实质客观说又分为行为危险说、结果危险说和综合危险说。[1] 客观未遂论内部的不同主张,源于对危险概念的不同理解和判断方法,并直接影响了着手的认定以及不能犯的认定。本书在后述着手理论部分(第三章第二节)以及不能犯理论部分(第三章第三节),将展开具体讨论。

(二)主观未遂论:行为人的危险

发端于德国的客观未遂论,虽然是20世纪初以前刑法理论上的主流观点,但同时期的德国实务观点却展现出明显的主观未遂论倾向。从当时的司法判决中,我们可以看出其实务上明显的主观未遂论的取向。以1880年德国发生的一则堕胎未遂的案件为例,德国帝国法院在那份著名的判决书中写道:"在未遂中,犯罪意志是刑事法律所禁止内容的征表,相反,在既遂中

---

〔1〕 参见张明楷:《刑法的基本立场》,中国法制出版社2002年版,第199页。

出现的是由犯罪意志所引发的违法结果……无论如何，回顾性的观察，任何未遂具体而言均是没有危险性的，这样可罚的危险的未遂和不罚的不能未遂的区分是没有意义的。从这个取向中，实务见解不仅肯定了不能未遂的可罚性，而且——对于实务有重大影响——趋势性地、有时是过宽地把未遂领域扩大到了犯罪构成事件发生的前阶段。如果说敌视法律的意志是可罚未遂的本质，那么行为人是否已经实施了该当构成要件的行为是不重要的，而只是出于法安全性的理由要求。”〔1〕行为人的犯罪意图已经表现在外在的行为中，犯罪行为征表主观犯罪意图的征表主义是这则判决书的理论基础，而犯罪征表主义即典型的主观主义刑法观点。

而理论上未遂犯论从客观主义被迫转向主观主义，首先被认为是发生在 1933 年第三帝国建立后的纳粹德国刑法学时期，其标志是由沙夫施泰因(Schaffstein)和达赫姆(Dahm)等一批基尔学派学者提倡的意志刑法理论。〔2〕当时德国的国家民族主义理论实现了向意志刑法理论的转变，并抛弃了从李斯特时代以来的法益侵害理论。意志刑法理论以行为人的义务违反为中心，反对客观未遂论，认为犯罪的重点是对义务的侵害和违

〔1〕［德］托马斯·魏根特：《刑法未遂理论在德国的发展》，樊文译，载《法学家》2006 年第 4 期。

〔2〕参见陈璇：《客观的未遂犯处罚根据论之提倡》，载《法学研究》2011 年第 2 期。

反。因此,理论上认为在客观未遂论倒向主观未遂论的时期,意志刑法扮演了决定性角色。也有学者认为,这并非理论的全部真相。主观主义未遂论可以更早地追溯到与意志刑法理论完全不同的另外的理论根源,即以行为人危险性为核心的特殊预防理论。[1] 因此,追根溯源,主观未遂论在理论上仍旧应当归结于新派学者的主观主义刑法理论。主观主义的刑法理论以人身危险性为中心,行为人的行为动机、行为意志、性格、人格等因素是人身危险性的具体体现,人身危险性是导致行为人反复实施犯罪行为的主要原因。犯罪行为本身只具有征表这种人身危险性的意义,而非刑事责任的基础。主观主义刑法理论认为,既遂犯和未遂犯、预备犯具有同样的意义,其核心都是行为人的危险性格,犯罪行为以及结果的全部意义在于征表行为人的危险性格。[2] 主观未遂论的基本观点是,未遂犯的处罚根据在于行为所征表出来的犯罪人的危险性格,如果某种行为能够将这种行为人的危险性完全地表现,则行为是否既遂在处罚上并无太多意义。[3] 未遂犯与既遂犯应当受到相同的处罚,甚至预备犯、

---

〔1〕 参见[德]托马斯·魏根特:《刑法未遂理论在德国的发展》,樊文译,载《法学家》2006年第4期。

〔2〕 参见[日]木村龟二:《刑法总论》,有斐阁1978年版,第50~70页;李海东主编:《日本刑事法学者》(上),法律出版社、成文堂1995年版,第70~74、174~196页。

〔3〕 参见[日]野村稔:《刑法总论》,青林书院1993年版,第201~202页。转引自张明楷:《未遂犯论》,法律出版社、成文堂1997年版,第34页。

阴谋犯也应当与既遂犯同等处罚。

（三）折中的未遂论

对刑法理论稍有涉足者，即随处可见但凡理论中有所谓主观说与客观说对立的地方，必有折中说出来充当“和事佬”。[1]但在未遂犯领域，情况则有所不同，即所谓的折中的未遂论更多的是从未遂犯的处罚原则中推导出来的结论。未遂犯的处罚究竟是因为未遂行为所表现出来的行为人的犯罪意志，还是行为产生的侵害法益的危险，各国刑事立法并未表现出一种像理论争议中非此即彼的态度。从我国、德国以及日本的刑法规定来看，刑法对未遂犯的处罚原则基本上采取了得减原则。因此，无论刑法理论中的主观未遂论和客观未遂论之争是否已经平息，各国的刑事立法至少没有展示明显的倾向性态度。具体而言体现为两点：第一，各国刑法对未遂犯的法定刑设置和既遂犯一样，均在同一法定刑幅度内处罚，并且在处罚原则上规定的是任意减轻原则。这被认为是体现了主观未遂论的特点，因为如果是根据客观未遂论的观点，未遂犯由于没有产生既遂结果，对其处罚应当采取必减原则。但是，实际上不仅是我国，各国刑法在处罚未遂犯时都适用从轻或减轻处罚原则，这又符合了客观未

[1] 但大部分的折中说看似全面地考虑问题，实则是对争论两造的要素进行一种没有根基的简单罗列，还不如所谓“偏执一方”的学说来得清晰和爽快。

遂论的要求。第二,世界各国刑法均规定了未遂犯处罚的例外原则(我国刑法除外),即处罚未遂犯以刑法分则明文规定为限,这种未遂犯处罚的例外性规定,似乎体现了客观未遂论的立场。但是,实际上各国刑法中处罚未遂犯的条文大量充斥在刑法分则之中,实质上对未遂犯的处罚谈不上太多例外。[1] 因此,基本上各国刑法在未遂犯的处罚问题上,“既未采取完全的主观主义也未采取完全的客观主义,而采取的是折中立场”,[2] 此所谓的折中的未遂论。

我国有学者认为,某些学者在未遂犯的处罚根据上的观点,实质上展现了一种折中性的处罚根据论。[3] 例如,日本学者西原春夫认为:“刑法的目的一方面在于保护国民的利益,另一方面又必须限定在没有不当地压迫国民的自由、权利、利益的范围内。如果这样来理解,未遂犯的处罚根据应当在二者的调和线上展开。即刑法的任务是保护法益,同时又以规范的形式指向人们的行为。因此,违法是侵害法益的行为违法,而不是侵害法益本身违法。行为现实地侵害了法益时,显然在上述意义上是违法的。但被禁止的行为并不仅限于这样的行为,具有侵害法益的客观的危险的行为,也必须考虑通过刑罚予以禁止。未遂

[1] 参见[日]平野龙一:《刑法总论Ⅱ》,有斐阁1975年版,第310~311页。

[2] [日]西田典之:《日本刑法总论》,刘明祥、王昭武译,中国人民大学出版社2007年版,第242页。

[3] 参见张明楷:《未遂犯论》,法律出版社、成文堂1997年版,第38页。

犯的处罚根据，正是这种行为对法益侵害的客观的危险性。”[1]上述学者的观点是否属于“以行为人的危险意图为处罚根据”与“行为的危险为处罚根据”之间的折中，在本书看来尚留有进一步考察的余地。上述观点强调违法是侵害法益的行为违法，而不仅是侵害法益本身违法。刑法所禁止的行为不仅是现实地引起侵害结果的行为，具有侵害法益的客观危险的行为本身，也必须考虑通过刑法予以禁止。这实际上是将未遂犯的处罚根据聚焦在究竟是“行为危险”还是“结果危险”之上，仍属于客观未遂论内部的争论，并非主观未遂论和客观未遂论的折中。

（四）印象理论[2]

在未遂犯的处罚根据论中，真正意义上的折中理论当属德国刑法学界的主流——印象理论。作为对未遂犯处罚根据的一种折中式理解，印象理论认为在未遂犯的处罚中，主观要素和客观要素并不是一种择一的考虑，而是叠加性的考量。即未遂犯的处罚根据的确定，应当以主观未遂论为出发点，并且辅以“行为人只有在动摇了公众对法秩序有效性的信赖”作为限制性原则。印象理论尽管是德国的传统通说，但由于其自身的各种弊

[1]　[日]西原春夫：《刑法总论》，成文堂1997年版，第277页。

[2]　对印象理论的详细分析和批判参见本章第三节第一(二)部分。

端正在遭受客观未遂论者日益猛烈的抨击，其发展前景不容乐观。我国学者应当看到这一理论图景，而不应盲目借鉴并试图以此维系我国未遂犯理论的传统学说。可以说，在德国已经显示出客观未遂论重新占据理论主流趋势，若无实定法上的障碍，可能这种趋势很可能成为现实。我国刑法并没有对不能犯作出明文规定，在关于未遂犯的条文中，也并未显露出明显的理论取向。因此，理论上应当努力促成客观未遂论的共识，以适应当代刑法发展趋势和世界范围内刑法理论的发展趋势。

第二节　未遂犯之“着手”

着手的认定与未遂犯之实质可罚性（侵害法益的危险）判断，是应当被清楚地区分开来的两个不同的问题。具体而言，着手的认定主要是确定一个犯罪阶段上的临界点以区分预备犯和未遂犯；而未遂行为是否具有可罚性，通常是通过未遂犯的反面——不能犯的理论学说展开的。着手认定的学说主要有主观说、客观说以及主客观混合理论；不能犯之危险判断学说主要有纯粹主观说、客观说、抽象危险说、具体危险说以及修正的客观说。在探讨着手的认定标准之前，首先应当厘清上述两类学说各自的理论机能。通说认为，未遂犯的处罚根据理论是探讨未遂领域中所有其他问题的基础，而就目前理论发展的整体态势而言，尽管未遂犯的处罚根据理论与未遂犯之危险判断学说之间依旧保持着“此呼彼应”的对应关系，但是在着手认定标准上，无论是日本的实质客观说抑或德国的主客观混合说，其具体内容已渐呈“大同”之势。概言之，着手理论有其自身的理论独立性。基于着手的理论机能以及未遂犯自身的事实构造，着手认定标准的建构与处罚根据理论之间并不存在必然的关联，着手理论亦非标识处罚根据理论及不法理论发展动向的“风向标”。在法益前置性保护和国民行动自由之保障的紧张关系中更加正确、合理地界定预备与未遂的临界点，已成为当前各国刑法理论建构着手认定标准的共同价值取向。

一、关系厘清

各国刑法关于未遂犯的规定，体现了刑法处罚前置化的刑事政策要求。与此同时，如果出于法益保护的刑事政策要求而过于偏重处罚的早期化，则必定会限制国民的行动自由，未遂犯的处罚在本质上就体现为法益保护的必要性和国民行动自由之间的矛盾和统一。[1]

---

〔1〕 参见［日］山口厚：《刑法总论》（第2版），付立庆译，中国人民大学出版社2011年版，第267页。

(一)着手的概念及特征

从事实层面对犯罪行为的存在构造展开观察,我们一般可以将犯罪行为分为以下数个阶段:故意的应受处罚的行为,从有实施行为的想法至行为实施终了,在一个或长或短的路途(犯罪之路,iter criminis)中跋涉,该路途包括犯罪预备的决意、着手实施、构成要件行为结束、发生结果至行为终了。随着所有构成要件要素的实现而产生的犯罪既遂,构成完全的法定刑罚威慑。[1] 未遂犯的处罚首先需要解决的问题是,如何在时空维度上认定犯罪行为是否越过预备阶段并进入未遂阶段,在刑法理论上即着手的认定。"着手"一词在语义上一般是指"动手"和"开始或准备做某事",因此犯罪的着手在用语习惯上并非就是专指成立未遂犯之"着手",因为预备行为也属于"着手"语义的涵摄范围。但是,当前各国刑法无论其立法或是理论,都秉持着限制未遂犯的处罚范围之原则,且一般都将着手的时点视为未遂犯的成立时点。因此刑法理论中的着手,就专指在犯罪阶段的时间—空间维度上如何区分犯罪预备和犯罪未遂,"时空性"是着手概念的显著特征。

---

〔1〕 参见[德]汉斯·海因里希·耶赛克、托马斯·魏根特:《德国刑法教科书》,徐久生译,中国法制出版社2001年版,第610页。

（二）着手的理论机能

理论研究是为了解决问题而产生的。总的来说，关于未遂犯的全部理论研究，必须妥善解决以下两个基本问题：首先是从理论上说明未遂犯的处罚根据；其次是限制未遂犯的处罚范围。未遂犯的处罚范围的限制，除了在时空的维度区分预备和未遂，还需要在未遂行为有无法益侵害危险的角度对未遂犯的处罚进行实质的限定，即区分可罚的未遂犯和不可罚的不能犯。[1]

就理论体系的具体框架而言，着手理论和不能犯理论在理论机能上应当有一条清晰的界限。例如，日本刑法学者平野龙一指出："从阶段上看，未遂与预备的区别在于是否到达了'实行的着手'。但即使从阶段上看到达了'实行的着手'时，也存在不能以未遂犯处罚的情况……'实行的着手'是具有发生结果的迫切危险性的行为，因此，实质危险性也是'实行的着手'的一个要素。缺乏这一要素时，就不存在'实行的着手'，不成立未遂犯。这种情况称为不能犯。"[2]从平野教授的论述中可

---

〔1〕 尽管有关不能犯的争议非常复杂，但从论理逻辑上可以作出的结论为：未遂犯具有侵害法益的危险，应当作为犯罪处罚；不能犯由于其行为没有引起既遂的危险而不具有刑事可罚性，应当排除出未遂犯的处罚范围。出于主题限制以及文章篇幅的考虑，本书在此主要针对着手的认定展开探讨，不能犯的问题将另行撰文论述。

〔2〕 ［日］平野龙一：《刑法总论Ⅱ》，有斐阁1975年版，第320页以下。

以看出,在犯罪阶段上区分预备和未遂的学说,与判断未遂行为是否具有危险(区分未遂犯和不能犯)的学说,是有着各自不同的理论机能的学说,它们虽然都包含于“实行的着手”这一概念,但两者之间却并没有本来的联系。〔1〕大多数学者在定义不能犯时,也基本上都对预备与未遂、未遂犯与不能犯分属不同的理论问题作出附带说明。如西原春夫认为:“不能犯是指行为人自以为已经着手实行犯罪,但由于不可能发生结果而不能既遂的情况。对此不能作为未遂犯处罚,也称不能未遂。”〔2〕前田雅英认为:“形式上看虽有实行的着手,但该行为的危险性极端小、不值得作为未遂处罚的情况,就是不能犯(不能未遂),不具有可罚性。”〔3〕曾根威彦、野村稔给不能犯所下的定义与前田雅英的定义基本相同。〔4〕尽管着手理论和不能犯理论都充斥着各式各样的主观说、客观说以及折中说,但应当注意到它们是针对解决不同问题而提出的学说,切不可在论述过程中将其张冠

〔1〕需要说明的是,平野教授之所以认为两者都属于“实行的着手”的理论范畴,很可能出于刑事立法规定的考虑。因为从日本刑法的未遂犯规定中,可以明确导出未遂犯的成立条件即实行的着手,因此不得不将区分预备与未遂,以及区分可罚的未遂犯和不可罚的不能犯全部统摄在着手理论的范围之内。即便是出于理论上的沿袭和约定俗成,同时赋予着手理论以区分预备和未遂、未遂犯和不能犯的机能,也应当在其内部对两者之间作出明确的界分。

〔2〕[日]西原春夫:《刑法总论》,成文堂 1997 年版,第 295 页。

〔3〕[日]前田雅英:《刑法总论讲义》,东京大学出版会 1994 年版,第 295 页。

〔4〕参见[日]曾根威彦:《刑法总论》,弘文堂 1993 年版,第 232 页;[日]野村稔:《刑法总论》,成文堂 1990 年版,第 338 页。

李戴，混为一谈。[1]

（三）着手的认定与未遂犯的处罚根据

刑法理论的通说认为，着手的判断、不能犯的判断都与未遂犯的处罚根据密切相关，即对这些问题的不同看法源于对未遂犯处罚根据的不同认识。"例如，关于着手的认定，客观的未遂论主张以行为对法益侵害的危险性达到紧迫程度时为着手；而

---

〔1〕 但是有部分学者对此问题缺乏学术敏感，有意或无意地混淆了着手理论和不能犯理论的不同机能，并且就目前已有文献来看，这种理论上的混淆亦绝非个别现象。参见劳东燕：《论实行的着手与不法的成立根据》，载《中外法学》2011年第6期。在该文中，作者以着手认定中犯罪人的主观要素被不断承认和采纳作为体现主观未遂论的论据。但是本书认为，在着手的判断中考虑行为人设想的犯罪计划，只是作为判断行为是否跨越了预备阶段并对法益造成了一种紧迫性侵害危险的判断资料，这与危险本身的判断完全是两个不同的问题，而真正能够体现未遂犯处罚根据取向的是后者——危险的判断——这一实质性问题。在该文的论述过程中，作者并没有对着手的认定与不能犯的判断作理论机能上的界分，而是在论据列举上不断穿插跳跃。例如，作者在论及着手的判断时提道："形式客观说经常被指责在许多案件中会导致着手的时点过于推迟，实质客观说被认为无法对可罚的不能犯未遂给出合理的解释，主观说则经常面临将幻觉犯与迷信犯也错误地纳入可罚范围的批评。"形式客观说、实质客观说、主观说历来都是区分预备与未遂的学说，其目的都是找到一个准确的着手"时点"，而不是对未遂行为的可罚性作出理论说明。而"不能对可罚的不能犯未遂给出合理解释"的是危险判断理论上的纯粹客观说，"经常面临将幻觉犯与迷信犯错误地纳入可罚范围的批评"的是危险判断理论上的纯粹主观说。不仅如此，该文作者还无视印象理论在德国已日薄西山、日本传统的具体危险说也正在被不断地质疑和修正的理论发展现状，最后认为"各国未遂犯理论最终都投向主观未遂论的怀抱"，其结论亦很难让人信服。

主观的未遂论一般认为,客观行为征表出行为人具有特定的犯罪意思时就是着手。又如,未遂犯与不可罚的不能犯的区别,客观的未遂论坚持以行为由于侵害法益的危险来区分未遂犯与不可罚的不能犯;主观的未遂论基本上不区分未遂犯与不可罚的不能犯,充其量将迷信犯排除在未遂犯之外。"[1]

但是,综观有关未遂犯处罚根据的三种学说,其争议点更多聚焦在如何定义危险的概念这一问题上,而对危险概念的不同理解则直接体现为对不能犯是否应当处罚所持的不同立场。相反,在认定着手的时点时,即便在今天仍支持主观未遂论抑或其变种印象理论的学者,如果忽略已经完全失去市场的以主观未遂论为基础的主观说的话,其在着手认定上都会采取一种谨慎的态度以避免处罚范围的过于提前。就当前理论发展的整体情况而言,有关着手认定标准的探讨,并非像不能犯理论那样,与处罚根据论上的争议形成强烈呼应。换言之,着手指的是"行为对保护客体产生具体危险"的时点,其实质上是一个划分犯罪行为阶段的时间性概念(更确切地说是一种时空性概念),而非对危险概念本身的探讨。此外,着手的认定标准应当兼顾行为的主客观要素综合考量,而这种兼顾并非出于法敌对意思或者行为的危险这种处罚根据上的要求,而是决定于未遂行为自

---

〔1〕 张明楷:《刑法学》(第4版),法律出版社2011年版,第315页。

身所固有的事实构造决定。因此，着手的“时空性”特征以及未遂行为的事实构造，导致着手理论在一定程度上具有超越处罚根据论的理论独立性。关于着手理论的独立性，本书将在本章的第三部分展开进一步论述。

二、着手的认定标准

在着手的认定标准问题上，不管出于处罚根据上的何种立场，现代刑法都应当兼顾“法益保护和国民行动自由”的刑事政策要求。并且，出于法治国原则（罪刑法定）的要求，对未遂犯处罚范围的限制应当以一种明确的和可操作的形式展现，以具体地区分预备犯与未遂犯。着手的认定标准在学说上素有争议，本书在对着手的紧迫性原则展开论述之前，先简要介绍和评价学说上不同的观点。由于在介绍和评价着手的相关学说时需要以案例作为辅助，本书在此将其单独列出，在行文中则以案例编号替代，以避免行文重复。

【案例 1】被告人欲杀害自己的丈夫甲，找来 A 帮忙。A 计划在车上先用氯仿将甲麻醉，使其昏迷，之后再将车开到两公里远的海边，并将车颠覆至海中，以造成发生意外事故的假象。A 依计划用氯仿使甲昏迷（①行为）之后，便开车到两公里远处的海边，将载着甲的车颠覆到海里（②行为）。但事后证明甲是因氯仿摄入过量窒息死亡。

【案例2】妻子预计其出差在外的丈夫3天后回家,于是提前将准备好的毒药掺入丈夫经常喝的威士忌中,想以此方法谋杀亲夫,但没有想到丈夫突然提前返回并喝下了毒酒,但经抢救及时并未毒发身亡。

【案例3】妻子预计其出差在外的丈夫两天后回家,于是提前将准备好的毒药掺入丈夫经常喝的威士忌中,想以此方法谋杀亲夫。两天后丈夫回家后果然按期设想喝下毒酒,但经抢救及时并未毒发身亡。

(一)主观说与形式的客观说

关于着手认定的学说向来有主观说和客观说的争论,其中客观说内部也有分歧,即形式客观说和实质客观说的分歧。[1]

主观说立足于主观未遂论,认为未遂犯的处罚根据不在于行为的危险而在于行为人的危险,而该行为人的危险就是犯罪的意思。因此在着手认定时,注重行为人的犯罪意思,原则上只要存在犯罪人的意思就可以作为未遂犯处罚,但由于犯罪意思只能借助行为表现出来,因此主观说在着手的认定上多采取犯罪征表说,即只要犯罪意思表露出来就可以作为未遂犯处罚,例

---

〔1〕 参见[日]松宫孝明:《刑法总论讲义》(第4版补正版),钱叶六译,中国人民大学出版社2013年版,第178页。

如，“犯意的成立因其遂行行为而得以确定性地认定之时”，〔1〕具有“犯意的飞跃性表动”之时，〔2〕就可以认定为着手。通说对主观说的批判主要在于，该理论不仅使预备与未遂的界限不明确，而且过于扩张未遂犯的处罚范围（处罚范围前置）。但这与其说是理由，还不如说是批评者基于自身立场的一种结论，从主观上说真正的缺陷其实在于主观未遂论本身的缺陷，也就是主观未遂论无法从理论立场，一贯地解释未遂犯减轻处罚、不处罚不能未遂（或免除处罚）的立法现象，并且“除了欠缺理论依据以外，以行为人本身对于其行为之情绪反应作为着手判断的标准，其标准也欠缺相当的实证可能性”。〔3〕总之，主观说现在已基本上失去了学者的支持，主张根据客观性标准来决定实行的着手的客观说处于通说地位。〔4〕

形式的客观说认为，只要开始实施该当于构成要件的行为之一部分即为着手。其理由在于，所谓着手即实行行为的着手，实行行为即符合既遂犯构成要件该当性的行为。客观说内部又分为形式的客观说和实质的客观说两个发展阶段。形式的客观说是有关着手认定的早期通说理论，该说认为“行为人唯有已

〔1〕［日］牧野英一：《刑法总论》（上），有斐阁1958年版，第254页。

〔2〕［日］宫本英修：《刑法大纲》，弘文堂1926～1928年版，第178页。

〔3〕黄荣坚：《基础刑法学》（下），中国人民大学出版社2009年版，第489页。

〔4〕参见［日］西田典之：《日本刑法总论》，刘明祥、王昭武译，中国人民大学出版社2007年版，第243页。

开始实行严格意义的构成要件该当行为，始可认定为着手实行”[1]，“它所持的法治国的基本理由是，单单在构成要件里规定的，并用刑罚相威胁的行为里，就能找到区分(预备和未遂)的基准点。”[2]但是若进一步追问，在以实施犯罪为目的的行为中，究竟哪些可以被视为符合构成要件的行为进而认定为着手实行，其实际操作过程就并非像其理论标示的那么简单可行了。一方面，“形式客观理论因为仅限于开始实行严格意义的构成要件该当行为，始属已达着手实行阶段，而使若干在实质上可以认定为已达着手实行阶段的行为，仍认定为预备阶段”。[3] 另一方面，形式客观说又会使一部分犯罪的着手时点提前，即“只要构成要件范围扩大(如我国刑法中的保险诈骗罪——笔者注)着手几乎会提早认定，构成要件本身虽然能够节制既遂犯的可罚界限，但在未遂犯部分则不完全有效”。[4] 而且，形式的客观说的初衷是固守实行行为定型性，但最后无法坚持到底。例如，形式客观说的代表性学者团藤重光教授认为：“即便其本

---

〔1〕 林山田：《刑法通论》(上)(第10版增订版)，北京大学出版社2012年版，第306页。

〔2〕 [德]冈特·施特拉腾韦特、洛塔尔·库伦：《刑法总论Ⅰ——犯罪论》，杨萌译，法律出版社2006年版，第258页。

〔3〕 林山田：《刑法通论》(上)(第10版增订版)，北京大学出版社2012年版，第306页。

〔4〕 许恒达：《重新检视未遂犯的可罚基础与着手时点：以客观未遂理论及客观犯行的实质化为中心》，载《台湾大学法学论丛》2011年第4期。

身并不显示构成要件性特征，如果从整体上看，可以将该行为理解为定型性地属于构成要件的内容，那么不妨将其认定为实行的着手。”〔1〕这种观点其实已经在向实质的客观说靠拢了。

（二）实质的客观说

为避免上述处罚结论的不合理性，形式的客观说遂将着手认定标准进一步修正为“开始符合构成要件的行为或者密接行为的一部分”，〔2〕但如果要从实质上理解其依据，就必须回答“为何这么做，理由在哪里”这一关键问题。在日本刑法理论中，持客观主义刑法观念的学者一般将上述问题求诸“引起既遂的紧迫危险”，〔3〕此即客观说阵营内部之实质的客观说。实

〔1〕［日］团藤重光：《刑法总论纲要》（第3版），创文社1990年版，第335页。

〔2〕［日］松宫孝明：《刑法总论讲义》（第4版补正版），钱叶六译，中国人民大学出版社2013年版，第178页。将着手时点提前到与构成要件行为具有紧密联系的“密接行为”，已经不属于前述严格意义上的形式客观说的理论范畴，因此德国刑法理论通常将其归入实质客观说的阵营。参见林山田：《刑法通论》（上），北京大学出版社2012年版，第306页。但即便是考虑到了“对法益的直接威胁的观点”，以“开始符合构成要件的行为或者密接行为的一部分”作为着手的认定标准，其仍属于对形式客观说的自然意义的扩张，终究没有脱离“构成要件行为的组成部分”这一形式的思考方式。参见［德］冈特·施特拉腾韦特、洛塔尔·库伦：《刑法总论Ⅰ——犯罪论》，杨萌译，法律出版社2006年版，第259页。因此本书遵从日本多数学者的做法，仍将其划入形式客观说的阵营。

〔3〕日本学者平野龙一认为预备与未遂的区别在于有无“紧迫性”的危险。参见［日］平野龙一：《刑法总论Ⅰ》，有斐阁1972年版，第313页。

质的客观说将未遂犯理解为具体危险犯,也就是只有产生了具体的、紧迫的危险状态时,才成立未遂犯。[1] 一般来说,实施了既遂犯的构成要件行为时,就会产生紧迫危险的结果。但是,在另外一些犯罪(如隔离犯、间接正犯、教唆犯)中,作为一种结果意义上的紧迫危险状态,其发生的时点和实施构成要件行为的时点往往是不一致的。因此,着手的成立时点往往会后于既遂犯的构成要件行为,例如在【案例3】情况下,投毒行为是杀人的构成要件行为,而直到丈夫即将开始喝毒酒的那一刻才能肯定一种紧迫的具体危险。相反,有时候着手又会被提前到能够直接造成既遂犯结果的行为之前的行为上,如【案例1】中①行为原本只是杀人行为的手段行为,但日本的判例以"其是与直接杀害行为密切相关的并能左右杀害行为的实施"为由,将其认定为杀人的实行着手行为。[2] 总之,实质的客观说认为,着手的认定并不能严格遵从是否开始实施构成要件的部分行为作为形式化标准,而应当以是否到达紧迫性的危险状态为限,[3] 在某些犯罪中实行行为的开始实施固然也意味着行为侵害法益客

---

〔1〕 参见张明楷:《刑法学》(第4版),法律出版社2011年版,第319页。

〔2〕 参见[日]山口厚:《从新判例看刑法》,付立庆、刘隽译,中国人民大学出版社2009年版,第72页。

〔3〕 不能严格遵从形式化标准并不代表彻底否定形式客观说的内容,因为即使是以"紧迫性"危险作为着手时点的认定标准,事实上仍需以构成要件行为作为参照物展开具体判断。在此意义上看来,形式的客观说和实质的客观说并非绝对对立的学说,而是相互之间存在补充关系。

体的危险达到了紧迫性的程度，但是在更多的未遂犯罪的场合则需要建立专门的判断规则。其实这也从侧面说明：实行行为是既遂犯的固有要件，着手是未遂犯的成立要件，既遂犯的构成要件并不会必然推导出未遂犯的构成要件，对受保护客体的紧迫危险的判断需要建构专门的判断规则。

（三）犯罪计划的考虑与未遂犯的事实构造

实质的客观说面临的另一重要问题是，着手的判断应否考虑行为人的犯罪计划。以往坚持实质客观说的学者大多采取结果无价值论的立场并坚持彻底的客观违法论，对于主观的违法要素一概不予承认。未遂犯的违法性体现在行为的客观危险，因此，在彻底的客观违法论者看来，危险的判断基准和标准都应当是客观的，“在认定实行的着手以及具体的危险时，一律不应考虑行为人的主观”。[1] 但是，越来越多的学者认为，即便坚持客观未遂论，在判断着手时如果不考虑行为人的计划，便无法认定是否已经出现结果发生的危险。[2] 本书认为，在着手认定时

---

〔1〕 参见［日］浅田和茂：《刑法总论》，成文堂2005年版，第336页；［日］内藤谦：《刑法总论》（上），有斐阁2002年版，第1222页。

〔2〕 参见［日］西田典之：《日本刑法总论》，刘明祥、王昭武译，中国人民大学出版社2007年版，第249页；［日］松宫孝明：《刑法总论讲义》（第4版补正版），钱叶六译，中国人民大学出版社2013年版；［日］山口厚：《刑法总论》（第2版），付立庆译，中国人民大学出版社2011年版，第274页。

是否考虑行为人的犯罪计划,并不等同于是否承认(或部分承认)主观性违法要素。具体而言,违法的本质是行为侵害了法益或者引起了侵害危险,在必须以主观性要素为违法性着手的场合(未遂犯的行为意志、目的犯中的目的),决定行为本身有无法益侵害危险的主观性要素当然应被视为主观的违法要素。[1] 但是,在着手认定中考虑行为人的犯罪计划,其目的并不是判断未遂行为本身有无法益侵害的危险,而是要判断行为是否越过预备阶段而开始着手实行犯罪。因此,必须强调的是,即便在着手判断中考虑行为人的犯罪计划,并不能就此说明犯罪计划是未遂犯的主观违法要素,也不能得出"放弃客观未遂论而倒向了主观未遂论"的结论。一言概之,犯罪计划的考虑从根本上是由未遂犯的事实构造决定的,具体论述如下。

实质的客观说以行为引起既遂结果的危险是否具有时空上的"紧迫性"作为认定着手的标准,但如果一概拒绝将行为人的犯罪计划内容纳入紧迫性原则的判断,则有违未遂行为的事实构造。未遂犯是一种客观上未完全展开的犯罪行为,仅从行为的客观部分,很多时候(特别是在行为人有一系列的犯罪计划而又未实行终了的情况下)无法判断对保护客体的侵害危险是否具有紧迫性,此时就必须将犯罪人的行为计划纳入判断对象,

[1] 参见黄悦:《主观违法要素理论初探——法益侵害视野下的主观性要素》,载《中国刑事法杂志》2012 年第 12 期。

才可能针对“紧迫性”做出正确的判断。换言之，在上述未实行终了的未遂中，其未遂之客观行为是否具有侵害法益的紧迫性危险，会因为行为人的犯罪计划的不同而产生不一样的结论。所以在坚持紧迫性原则的前提下，应当加入行为人主观的犯罪计划作为判断紧迫性危险的一个重要资料。加入犯罪计划的理由在于：(1)单纯考虑客观行为，无法判断行为具有侵害何种法益的危险，甚至无法判断行为是否有侵害法益的危险。例如，抢劫、强奸等复行为犯，其客观上开始实施的都是暴力行为，不考察行为人的犯罪意图，仅凭暴力行为的客观面本身无法判断其对保护客体造成了何种法益侵害的。又如，如果不考察其主观上是否有盗窃钱包的意图，就无法判断行为人将手伸向他人的空口袋的客观行为是否具有侵害财产法益的危险。(2)如果不考虑犯罪计划，则无法判断侵害法益的危险是否达到紧迫性程度。例如，以奸淫为目的将某女强行拉上汽车的行为，如果拉上车后马上强奸则可以认定为着手，如果是准备开到距离15公里的市区找个宾馆再实施奸淫行为，恐怕还不能认定已经着手。(3)在着手的认定中，犯罪计划作为主观的判断资料之所以重要，是因为只有通过犯罪计划才能得知行为人与保护客体之间是否具有一种时空上的紧张关系。换言之，在行为人的行为没有全部展开(未实行终了)的场合，保护客体是否处在一种即将被侵害的危急状态，必须纳入行为人的犯罪计划综合考量才能得出正确结论。

(四)“紧迫性”标准:公式抑或原则?

和“紧迫性”在概念表述上具有相近意思的“重大性”或者“直接性”,它们都逃脱不了确定性或者精确性的质疑。人们会自然地追问究竟具体到何种程度才可以看作“紧迫性”危险。诚然,判断一个行为是处于一般情况下可容忍的预备阶段还是已经进入实质可罚性的未遂阶段的问题上,评价主体的自由裁量以及法律政策倾向等要素会不可避免地发挥重要的评价功能。而如果承认“到目前为止所提出的规则都不能真正准确区分预备与未遂,而只能大约说明两者的界限”,[1]是一个不断被证实的论断,则这种说法也恰好说明着手的判断并非一种有着明确边界的抽象概念式的判断。面对犯罪行为的复杂形态和实施方式,司法判决和法学学说都必须满足于能够对一定种类情况确定出能够尽可能地符合法律意思和目的的指导方针,并在具体案情中,以一种评价方式的整体观察审查从行为的具体危险。[2] 换言之,在认定未遂行为侵害法益的危险是否具有紧迫性时,尽管无法求得一套固定的、精确的判断规则,但不可否认

---

[1] [德]冈特·施特拉腾韦特、洛塔尔·库伦:《刑法总论 I——犯罪论》,杨萌译,法律出版社 2006 年版,第 263 页。

[2] 参见[德]约翰内斯·韦塞尔斯:《德国刑法总论》,李昌珂译,法律出版社 2008 年版,第 347 页。

一个具有最大“公信力”的结论是客观存在的，以侵害法益的紧迫性危险作为区分预备与未遂的基本原则也并没有在恣意性和不确定性的诘难下而变得不可接受。人们可以通过总结审判经验，为着手判断提供尽可能详尽的标准，这些标准是以影响“紧迫性原则”的变量形式而被归纳的。例如，行为人是否主观上已经迈过了通向“现在开始”的门槛并在客观上已经采取行动；该行动本身亦无须任何中间环节而径直导入构成要件的实现；除此之外，有时还要以实施行为和结果出现之间在时间上的临近性作为根据。紧迫性原则可以在一定程度上具体化为以下三个子规则：〔1〕一是为了切实并且容易地完成构成要件结果的引起行为，前行为是必要的、不可或缺的；二是在实施完前行为之后，对于完成构成要件的行为和产生结果，没有了能够成为障碍的情况；三是在前行为与构成要件结果的引起行为之间具有时间的、场所的接近性。

当然，上述具体规则更多的是以单独行为人的未实行终了的未遂作为建构原型的，“在未遂是以其他表现形态出现的场合，开始公式就不适合了，应当进行变更或者修改”。〔2〕例如，在不作为犯、间接正犯以及原因自由行为中，着手的判断规则需

〔1〕参见［日］山口厚：《刑法总论》（第2版），付立庆译，中国人民大学出版社2011年版，第271页。

〔2〕［德］汉斯·海因里希·耶赛克、托马斯·魏根特：《德国刑法教科书》，徐久生译，中国法制出版社2001年版，第624页。

要结合具体的犯罪类型特点作出适应和修改,这也说明着手的判断原本就不应当以一种抽象概念的思维模式展开具体规则的建构。毋宁说以“法益侵害的紧迫性危险”作为着手时点的基本原则,其在不同的犯罪类型中会有不同的外在特征,由此而无法形成一套适用所谓犯罪类型的精确和统一的着手判断规则亦属必然,这也是所谓类型思维与抽象概念思维的主要区别。[1]

三、着手理论的独立性

(一)着手与不法的关系

近期有学者认为:“实行的着手不仅是作为区分预备与未遂的临界点而存在,更重要的是,它作为不法的成立根据而承担着建构不法的任务。”[2]但如果是以区分预备与未遂作为界定着手的角度,则着手理论似乎与不法理论的联系并不像该学者所认为的那么紧密。理由如下:首先,着手更多的是一个时空性概念,是从行为与被侵犯的保护客体之间的时间——空间上的联系来确定处罚的时点。作为着手时点的判断资料,行为侵害法益的客观危险以及行为人的犯罪计划,都是必不可少的。无

〔1〕 在大陆法系,类型思维在法教义学中的应用随处可见,有关类型的特征、类型与抽象概念的区别以及类型思维在立法和司法中的运用。参见林立:《法学方法论与德沃金》,中国政法大学出版社 2002 年版,第 90 ~ 148 页。

〔2〕 劳东燕:《论实行的着手与不法的成立根据》,载《中外法学》2011 年第 6 期。

论在处罚根据上采取印象理论或客观未遂论，行为的客观危险、行为人的犯罪计划都必须作为着手时点的判断资料，否则便无法展开判断。而一如前文所述，这并不是出自主观未遂论或者客观未遂论的要求，亦非建构不法理论的核心问题。其次，着手时点的判断本身并不涉及有无危险的判断。在未遂犯领域中，唯对危险概念的解读才使未遂犯理论成为不法理论的试金石。例如，行为人误以为佛像是人而向其开枪射击的行为，不可否认的是行为人的行为已经越过了预备阶段，在这里已经毫无疑问的存在一个着手时点。至于最终是否成立未遂犯，则需要回答“误以为是仇人但实际上是朝佛像开枪的行为”是否具有危险，而这个问题是以不能犯作为平台展开讨论的。[1] 因此，唯有关不能犯的理论探讨才是未遂犯领域中真正承担建构不法理论重任的问题，而一如本书开篇所述，着手的认定与不能犯的判断是未遂犯理论领域中应当被明确区分的两个问题，实行的着手与建构不法理论之关系并非如该论者所认为的那么紧密。

（二）着手理论对未遂犯处罚根据论的超越

如前文所述，在德国处于通说地位的印象理论被认为是主

---

〔1〕 当然也可以在论理逻辑上认为着手的判断亦包括行为有无实质危险的判断，不能犯不处罚也是因为其没有“着手”犯罪，着手理论作为不法论的“风向标”的说法在形式上可以承认，但实际上发挥“风向标”作用的仍是不能犯理论，而非“区分预备与未遂”的理论。

观未遂理论的变种，但如果具体考察德国目前在着手认定上通行的主客观混合理论，则可以发现无论其论证抑或结论基本上没有受到未遂犯处罚根据理论的影响，未遂犯的处罚根据对着手判断的影响越来越小。

首先，根据德国《刑法》第 22 条的规定，尽管未遂的成立决定于行为人根据其设想是否直接开始了实现构成要件的行为，但该条规定被认为是以未实行终了未遂作为原型而建构的，而在这种片面地实现的外部事件，只能根据行为人的计划来理解未遂的临界点，[1]这至少说明以犯罪计划作为着手时点的判断基础亦如本书所认为的那样：取决于未遂犯的事实构造。此外，法律定义决定了行为人的犯罪计划是判断着手的出发点，但这决不意味着行为人可以自己决定，从何时起，他的行为就是未遂，有关对每个受保护法益的直接威胁的观点，在实务界和理论界并非不重要。[2]“行为对保护法益的直接危险”作为判断着手的标准已经被越来越多的学者所认同，“行为人的犯罪计划这种纯粹的主观的东西，不宜考虑成其直接地决定实行的着手

[1] 参见［德］汉斯·海因里希·耶赛克、托马斯·魏根特：《德国刑法教科书》，徐久生译，中国法制出版社 2001 年版，第 621 页以下。

[2] 参见［德］冈特·施特拉腾韦特、洛塔尔·库伦：《刑法总论 I——犯罪论》，杨萌译，法律出版社 2006 年版，第 261 页。

的判断、毋宁说,重要的是达到此阶段的行为的客观过程”。[1] 例如,在德国联邦最高法院1951年的一则判决中(“胡椒案”),尽管当时的判决肯定了未遂的成立,但是罗克辛教授对此判决观点作了如下评论,“只要被害人——即使在行为人的设想中——还坐在电车中,就谈不上直接的危险。直到出纳离开电车的那一刻,他们的抢劫才直接迫近。承认力图因此今天在文献上会被绝大多数人所否定”。[2] 在这里,罗克辛教授判断的出发点仍是犯罪人的设想的犯罪计划,但将“行为对保护法益的直接危险”作为区分预备与未遂的标准,如果该观点被划入主观未遂论的范畴,则只能说是对主观未遂论的曲解。

其次,德国的主客观混合理论认为“按照行为人的想法直接开始构成要件行为即构成未遂”,行为人的设想被认为是着手判断的出发点;而反观日本持实质客观说的学者,也已经基本接受了主观犯罪计划的考虑。以犯罪计划作为着手判断的出发点,说明当前的刑法理论在建构着手的判断规则时,也已经不再完全的契合客观未遂论的理论初衷。

需要进一步讨论的问题是,在行为全部实施完毕但没有产生既遂结果(实行终了)的场合,或者根据行为的客观情状即可

---

〔1〕［日］松宫孝明:《刑法总论讲义》(第4版补正版),钱叶六译,中国人民大学出版社2013年版,第177页。

〔2〕［德］克劳斯·罗克辛:《德国最高法院判例》,何庆仁、蔡桂生译,中国人民大学出版社2012年版,第151页以下。

判断其是否发生侵害客体的紧迫性危险的场合，是否就此能够进行着手判断而无须考虑行为人的犯罪计划？以【案例2】为例，按照妻子的犯罪计划，应该是等到丈夫回家的那一刻才成立犯罪的着手，但事实上丈夫在突然回到家中的那一刻就已经陷入一种紧迫性的具体危险之中，在本案中可以不用考虑妻子的犯罪计划，仅凭客观的行为过程就能够判断行为所产生的紧迫性危险。但这里为什么仍然不应当认为妻子已经着手了她的犯罪呢？以往的实质客观说会认为，不构成杀人未遂的理由在于妻子没有认识到丈夫突然回家的事实而欠缺未遂犯的主观构成要件，而不是丈夫客观上没有陷入死亡的具体危险。换言之，未遂犯的危险根本上仍是由行为在客观上所展现的对保护客体的危险，行为人的犯罪计划只是作为判断危险是否达到紧迫性程度的资料被考虑。[1] 本书认为在这种情形下，妻子的行为不仅缺乏杀人未遂的故意，而且也不能肯定其已着手实施了杀人罪的构成要件行为。具体危险甚至是实害结果的引起本身并非认定着手的关键要素，就如本书一直所强调的，唯有在时空维度区分犯罪阶段上之预备和未遂时，才真正牵涉着手理论的核心问题。每一个犯罪行为在行进过程中处于什么阶段，关键还是要

---

〔1〕 妻子仅成立杀人的预备犯罪。如果丈夫最终死亡，则属于预备阶段实现了构成要件既遂结果的情形，则是否成立故意杀人既遂需要进一步讨论，本节对此问题暂不予展开。

从行为人的角度出发，以其所计划实施的全部犯罪行为来具体地判断未遂的临界点。

必须再次强调的是，“犯罪计划”这种纯粹主观性的东西在着手判断中被广泛承认和接受不能被认为是倒向主观未遂论。主观未遂论的核心是，以行为所征表的行为人主观上的法敌对意思作为未遂犯的处罚根据。而在着手的认定中，犯罪计划是“判断未遂行为是否已经对保护客体形成紧迫性的侵害危险”的判断资料。“征表法敌对意思”与“紧迫性危险的判断资料”具有本质上的区别。

总而言之，未遂犯的客观构造决定了着手的判断必须考虑行为人的犯罪计划（判断基础），但根据行为人的犯罪计划“行为是否对保护法益造成了紧迫性危险（直接危险）”是具有决定意义的标准。着手判断的这两个特点说明着手理论在一定程度上能够超越处罚根据论（或者说不法理论）的限定而兼顾主客观要素。“未遂犯的刑罚理由中的各种未遂理论，对于处理着手实行的认定问题并无必然关联性。”[1]着手理论亦非标识处罚根据理论及不法理论发展动向的“风向标”，而是有其自身的理论独立性。处罚根据论乃至不法理论对整个未遂犯处罚的限定则是更多地体现在对待不能犯的态度上，不能犯理论才是影

[1] 许泽天：《对二〇〇五年一月刑法总则编“刑事责任”、“未遂犯”及“正犯与共犯”章修改之评释》，载《台湾本土法学杂志》2005年第67期。

响和决定未遂犯理论和立法发展趋势的关键因素。

四、以实质客观说解构整合性的实行行为概念

日本刑法理论通说认为，从犯罪构成要件中引申出来的实行行为具有确定未遂犯成立时期的功能，实行行为的着手，就是区分未遂犯与预备犯的标准。[1] 而限定因果关系的起点、区别正犯与共犯则被视为实行行为概念另外的两大功能。换言之，“以往的通说试图通过‘实行行为’这一概念一举解决犯罪论中的各种问题”。[2] 本书将这种实行行为理论称为“整合性的实行行为概念”，并以“构成要件过早实现场合下的着手判断问题”[3]对此整合性的实行行为概念展开检讨。

【案例1】所述情形即属于典型的构成要件过早实现的情形。在该案中，日本的判例先是通过考虑行为人的计划，得出①行为即为着手，既然是着手之后产生了构成要件结果，则成立既遂犯。[4] 通说观点认为，既然刑法关于处罚未遂犯的刑事政策性要求着手提前到实行行为（能够直接引起构成要件的结果的

---

〔1〕 参见［日］大塚仁：《犯罪论的基本问题》，有斐阁1983年版，第50页。

〔2〕 金光旭：《日本刑法中的实行行为》，载《中外法学》2008年第2期。

〔3〕 关于构成要件过早实现的详细论述，参见钱叶六：《论刑法中的构成要件过早实现——以日本判例及其学说为中心》，载《政治与法律》2009年第10期。

〔4〕 参见［日］山口厚：《从新判例看刑法》，付立庆、刘隽译，中国人民大学出版社2009年版，第80页以下。

行为）之前的行为上去（①行为），同时行为人也具有通过实施①行为造成既遂构成要件结果的意思，而客观上也能肯定既遂犯的构成要件该当性，因此就能肯定故意既遂犯的成立。但是仔细推敲该判例理由以及支持判例的通说观点，存在以下疑问：

首先，通说观点通过着手的认定扩张了既遂犯的构成要件行为（实行行为）。未遂犯的成立要件是从未遂犯的立法政策中推导出来的，即处罚的早期化和不处罚所有的未遂犯。“换言之，未遂犯的实行着手，是以未遂犯处罚的必要性为根据，由法益保护的观点而决定的，因此，未遂犯的实行着手决不是根据既遂犯的成立要件推导出来的。”〔1〕这就说明未遂犯的处罚是出于形势政策需要的一种扩张处罚事由，未遂犯不是刑法规定的犯罪的基本类型，既遂犯才是基本类型，既遂犯的构成要件不是根据未遂犯的成立要件推导出来的。〔2〕既然未遂犯的实行着手行为不能简单地等同于既遂犯的实行行为，那么由着手行为所引起的构成要件结果也就不是必然地符合（故意）既遂犯的构成要件了。

其次，即使能够肯定杀人罪的客观构成要件，将实施引起构成要件结果行为的前行为的认识和意志等同于既遂犯的故意也

〔1〕［日］山口厚：《从新判例看刑法》，付立庆、刘隽译，中国人民大学出版社2009年版，第82页。

〔2〕同时，也不能说未遂犯的成立要件是根据既遂犯的构成要件推导出来的，因为在这方面做过尝试的形式客观说，在实践中已经被证明困难重重。

存在疑问。例如,在【案例1】中,行为人设想的是通过②行为实现杀人目的,在②行为还停留在行为人内心的①行为阶段,行为人仅认识到自己在实施杀人行为(实行行为)之前的准备行为(尽管是着手行为),行为人此时的意志因素也只限于通过①行为以便更顺利地实施②行为,而死亡结果只是行为人的一个愿望,并非行为人实施①行为的意志。因此,就①行为所产生的被害人死亡这一结果,行为人由于缺乏相应的意志因素(只有未遂犯的故意而没有既遂犯的故意),不成立既遂犯,只成立未遂犯和过失犯的竞合,按照未遂犯处罚。

最后,将着手行为等同于既遂犯的实行行为的做法会使实行行为丧失作为既遂犯的行为类型这一重要机能。例如,同样是强迫妇女上车的行为,在被害人已经陷入紧迫性危险的情况下可能被认定为强奸的实行行为,但在还没有达到紧迫性危险程度时又仅是一个预备性行为,甚至是非暴力行为,如欺骗妇女上车然后奸淫,都有可能成为强奸罪的实行行为。因此,应当承认未遂犯和既遂犯有互相独立的构成要件,应当根据既遂犯固有的特点,来确定提前发生构成要件结果的情形是否成立既遂。

总而言之,在着手的认定上采取实质客观说,其结果就是消解了实行行为在未遂犯领域的机能,即是否开始实施实行行为并非着手认定的标准。以往的实行行为理论被日本刑法学者山口厚称为看不到内容的“黑盒”,即以实行行为作为犯罪的本体，从重视解释论的形式上的整合性见地出发，实行行为被借用到犯罪论的不同领域中解决理论上不同性质的问题，导致实行行为理论本身具有一体化的模糊性，并由此而掩盖了具体问题在实质上的差异。[1] 所以，应当消解这种整合性的实行行为概念，回归到不同领域、不同性质的具体问题中需求理论上的解答。

第三节　未遂犯中的危险判断

未遂犯的处罚根据，是整个未遂犯理论领域中具有统摄性的命题。通过"犯罪行为背后所体现的行为人的危险性"寻求处罚根据的主观未遂论，已经基本被现在的学者否定。客观未遂论所主张的"在行为侵害法益的危险"中证成处罚未遂犯的实质根据，代表了当前未遂犯理论发展的主流趋势。着手时点的认定，以及不能犯的判断是未遂犯领域中的两大课题。着手时点的认定解决的是在犯罪阶段上划分预备和未遂的问题，即通过判断发生侵害结果的危险是否具有时间和空间上的紧迫性，可以将预备行为从未遂犯的处罚范围中排除出来；而如何理

---

[1] 参见[日]山口厚：《刑法总论》(第2版)，付立庆译，中国人民大学出版社2011年版，第50页。

解和判断“行为实现犯罪的可能性——危险”则是区分未遂犯和不能犯的关键。正确界定危险的概念以及清晰地阐明危险判断的具体规则，是不能犯理论要解决的核心问题。此外，危险概念的界定及判断与刑法不法理论亦具有紧密关联，不能犯这一片断性问题也因此在刑法教义学上获得了一种体系性意义。

一、不能犯之可罚性辨析

预备犯与未遂犯的区别，体现的是一种犯罪阶段上的时间—空间性区分。相比而言，如何从可罚性的角度甄别未遂犯和不能犯则是一个和前者不同的并更加具有实质性意义的问题。关于不能犯，首先要解决的问题便是，其是否应当作为未遂犯来处罚。这一问题又与未遂犯的处罚根据理论直接相关。因此，本书首先在此分析德国刑法中关于不能犯未遂的处罚规定，进而评析其法条背后的印象理论，目的在于尽量消除印象理论对我国刑法学在不能犯的可罚性问题上所产生的误导和消极作用。[1]

---

〔1〕 提倡印象理论的文献参见陈家林：《为我国现行不能犯理论辩护》，载《法律科学》2008 年第 4 期；刘晓山、刘光圣：《不能犯的可罚性判断——印象说之提倡》，载《法学评论》2008 年第 3 期；王拓：《不能犯抽象危险说之坚持——兼与张明楷教授商榷》，载《黑龙江省政法管理干部学院学报》2007 年第 2 期。

(一)不能犯未遂之概念辨析

行为人将贴有他人名字和生辰八字的草人钉上钉子,并在子时“祭坛施法”,想通过诅咒术谋害他人。这种愚昧时期的“神秘巫术”已经被现代科技文明证实无效,行为人的迷信行为不可能帮助其实现杀人的目的,因而不具有刑事可罚性。但是,如果行为人误将白糖当作砒霜,并用来“毒害别人”,又或者是小偷以盗窃财物的目的扒窃别人的口袋,但是恰好口袋中并没有任何财物(客体不能)。对这些以实现犯罪目的实施的,而实际上由于客观原因不可能既遂的行为,刑法理论一般将其称为不能犯(或者不能犯未遂)。对这些情形是否应该作为未遂犯处罚,取决于以何种理由处罚未遂犯。

依照日本刑法理论对不能犯所持的态度:“不能犯或不能未遂,并不成立犯罪,因而不具有可罚性。”[1]但是在其他一些国家包括我国传统的刑法理论中,对不能犯未遂则基本上持可罚的态度。例如,德国《刑法》第 23 条第 3 款就明确规定:“行为人由于对行为对象和手段的认识错误,其行为根本不能实行

---

〔1〕 张明楷:《未遂犯论》,法律出版社、成文堂 1997 年版,第 214 页。

终了的,法院可免除其刑罚,或酌情减轻其刑罚。"[1]德国刑法理论则认为:"如果行为人的以实现犯罪构成为目的的行为,根据事实上的或者法律上的原因,在现有情况下不可能既遂的,是不能犯未遂。"[2]尽管在不能犯未遂的可罚性问题上,主观未遂论与客观未遂论的学说争议一直处于针锋相对的焦灼态势,但是该条款无疑表明了德国立法者的态度:不能未遂具有刑事可罚性。行为人如系出于重大无知,没有认识到因为客体或者手段的不能导致其行为根本不能既遂的,则可以免除或者酌情减轻处罚。我国刑法理论中也存在不能犯未遂的概念,并且根据通说观点:以行为在客观上是否能够达到既遂为标准,可以将所有的未遂行为区分为能犯未遂和不能犯未遂。能犯未遂是指犯罪行为有实际可能达到既遂,但由于行为人意志以外的原因未

---

〔1〕《德国刑法典》,徐久生、庄敬华译,中国方正出版社2002年版,第11页。另冯军教授对该条款的译文为:"如果行为人出于重大无知,对根据行为应该实施其上的对象或者所使用的手段的性质、力图根本不可能达于完成发生了认识错误,那么,法院可以免除刑罚或者根据其酌量轻处刑罚。"(《德国刑法典》,冯军译,中国政法大学出版社2000年版,第12页)由于徐久生教授的译本为2002年修订本,而冯军教授的译本的出版年份为2000年,因此笔者在正文中采用了徐久生教授的译本。之所以对此问题附文赘述,是因为下文中会提及不能未遂的具体定义及如何区别于普通未遂的问题,和法条的具体规定密切相关,而上述两种译本对本条款的翻译却出现了较大差异,因此有必要对读者说明。

〔2〕[德]汉斯·海因里希·耶塞克、托马斯·魏根特:《德国刑法教科书》,徐久生译,中国法制出版社2001年版,第634页。

能达到既遂的情况；不能犯未遂则是指因犯罪人对有关犯罪事实认识错误而使犯罪行为不可能达到既遂的情况。[1] 此外，德国以及我国的刑法理论通说均对迷信犯采取不可罚的观点。

德国刑法（以及我国刑法传统理论）对不能犯未遂的界定至少会带来以下两个问题：(1)如何具体地区分普通的未遂犯、普通的不能犯未遂以及出于重大无知的不能犯未遂。具体而言，若以肯定不能犯未遂之可罚性为前提，则未遂犯这一上位概念就包含了普通未遂犯、普通的不能犯未遂（相对不能未遂）以及出于重大无知的不能犯未遂（绝对不能未遂）三个下位概念。由于德国刑法明确规定了出于重大无知的不能犯未遂的处罚原则异于一般未遂犯的处罚原则，因此，首先，必须明确重大无知的不能未遂之认定标准。其次，普通未遂犯与普通的不能犯未遂在法律效果上相同，所以文献一般不重点讨论两者之间的实质区别问题。但问题是，既然普通未遂犯与普通的不能犯未遂在法律效果上没有区别，则说明两者在可罚性程度上也没有区别，又何必进行概念上的区分？而即使勉强区分，其区分标准岂非仅具有形式意义而无任何法律评价上之实质内涵？进一步而言，既然没有区分普通未遂犯与普通不能犯未遂的必要，那么真正的问题就只剩下如何确定重大无知的不能犯未遂的认定标

[1] 参见高铭暄等撰稿：《刑法学原理》（第2卷），中国人民大学出版社1993年版，第327页。

准。根据德国刑法理论对“重大无知”的通说见解可知,德国刑法中重大无知的不能犯未遂的认定标准相当于日本刑法理论关于不能犯学说的“抽象危险说”。即便如此,在“以为甘菊茶可以堕胎”的场合,按照日本的“抽象危险说”也会否定其不具有可罚性,是不可罚的不能犯;而在德国则会将其认定为重大无知的不能犯未遂,按照德国《刑法》第 23 条第 3 款的规定处罚。(2)出于重大无知的不能犯未遂,其免除或酌情减轻处罚的理由是什么,[1]迷信犯不具有可罚性的根据何在,以及如何辨别两者之间那种“细微的差别”。使问题更为复杂的是,尽管有德国《刑法》第 23 条第 3 款的规定,现在占据主流的观点主张存在一种完全不应受处罚的“未遂”——“不现实”的未遂,迷信犯、(认为白糖能杀人之类的)重大无知的未遂都包含其中因而被认为是不应受到处罚的行为。但是这样做不仅违背了德国《刑法》第 23 条第 3 款的立法意见,此外还必须重新界定该条文的适用范围。由此可见,在不能犯问题上即便是法有明文规定,德国的学说与实定法之间依旧存在一种紧张甚至是矛盾关系。而导致这一切问题的根本原因就在于德国刑法理论在未遂犯处罚根据上所采纳的通说——印象理论。下面将对这一乱象的根源——印象理论进行深度检讨。

---

[1] 德国《刑法》第 23 条第 2 款中的免除处罚和我国《刑法》中的免除处罚在概念上是一致的,即不是完全不具有可罚性,而是免除刑罚。

(二)检讨不能犯未遂的可罚性根据——印象理论

由于德国《刑法》第23条第3款的规定,不能犯未遂的可罚性在立法上得以明确,而且根据德国1962年的刑法草案立法理由书的说明,德国《刑法》第23条第3款的“重大无知”指的是“对通常众所周知的原因关系产生了完全错误的设想”。[1] 也就是说,在德国对于未遂犯的处罚,除了德国《刑法》第23条第3款所定义的重大无知的不能犯未遂外,所有的未遂犯均应按照该法第49条第1款减轻处罚,即便是“以为白糖可以杀人”这种重大无知的不能犯未遂,也不是完全否定其可罚性,而是适用该条款倾向性地免除其刑罚而已。支持上述立法规定的理论,是当前德国通行的关于未遂犯处罚根据的印象理论。

印象理论认为,在探寻未遂犯的处罚根据时,主观性要素和客观性要素之间不是一种非此即彼的择一关系,而是应当以一种“叠加性方式”综合考量。并进而认为,在确定未遂犯的处罚根据时,应当以主观未遂理论为基本出发点,以行为人的行为“动摇了社会公众对法秩序的信赖”作为限制处罚范围的辅助性原则。印象理论的实质内容可以追溯至德国20世纪初期。德国学者阿诺德·霍恩(Arnold Horn)早在1900年便提出了类

[1] 参见[德]克劳斯·罗克辛:《德国刑法最高法院判例》,何庆仁、蔡桂生译,中国人民大学出版社2012年版,第148页。

似看法,并在此后得到了冯·巴尔等学者的进一步推动和发展。经过20世纪中叶德国学者梅兹格的系统性总结后,印象理论得以明确化并逐渐扩张其在学术界的影响力。“对于现在的大多数观点而言,(未遂犯是否成立)再次取决于是否影响了公众对法律效力的信任。”[1]通过“动摇对法秩序的信赖”这一客观性要素,印象理论在确定着手时点的认定以及赋予不能犯未遂的可罚性方面,既符合了德国《刑法》第22条关于着手认定的立法规定,也能够合理解释该法第23条第3款关于重大无知的不能犯未遂的处罚要求。得益于印象理论的主流学说地位,德国刑法学的理论与实务在未遂犯领域基本达成了一致意见。但即便如此,由于其理论上带有无法自我克服的缺陷,对印象理论的批判已经开始呈日益激烈的态势,具体表现为以下三点诘难。

第一,印象理论既非完全地立足于规范违反的立场,亦非着眼于行为侵害法益的重大危险,而是将未遂犯的处罚理由直接诉诸刑罚的目的。“与传统的未遂理论不同,这里不再涉及已经阐述过的,也许可以从中推导出精确结论的不法论,而是突然回到刑罚目的论,也就是回到积极的一般预防的观点上去。”[2]换言之,从对整个刑法理论体系的建构都具有根基性命题中直

---

〔1〕[德]冈特·施特拉腾韦特、洛塔尔·库伦:《刑法总论Ⅰ——犯罪论》,杨萌译,法律出版社2006年版,第255页。

〔2〕同上。

接推导出具体法律问题的结论，这种“空泛粗放”型的研究范式尤其值得警惕。除此之外，对于印象理论所立足的一般预防的目的刑论，也没有人敢保证其在未来的理论发展中不会成为“明日黄花”。[1]

第二，具体表述以及概念上的模糊性和不确定性，以及在实际适用过程中经验基础的匮乏，亦是印象理论一大弊病。换言之，作为印象理论的重要原则，“动摇公众对法秩序的信赖”这一结论的证立，必须以一般公众（在具体案件中即具体的行为见证人）的经验性感觉作为前提。但实际上印象理论的支持者基本上都明确拒绝对是否“动摇公众对法秩序的信赖”展开实证调查，而是主张应当从规范的角度，对行为是否产生“动摇公众对法秩序的信赖”展开规范判断。[2] 由此便形成了实践对理论自我否定的怪象，并且会进一步导致在具体结论的产出过程中出现“见仁见智”的争议，损害法律适用的统一性和安定性。除此之外，未遂行为在何时以及何种程度上能够动摇公众的法秩序信赖，印象理论并没有提出一个清晰的标准，而且必然会陷入下述循环论证的怪圈：根据一般预防的需要，行为如果动摇了公众的法秩序信赖，则应当受到刑罚处罚；反之，如果行为因其

---

〔1〕 参见［德］托马斯·魏根特：《刑法未遂理论在德国的发展》，樊文译，载《法学家》2006 年第 4 期。

〔2〕 参见陈璇：《客观的未遂犯处罚根据论之提倡》，载《法学研究》2011 年第 2 期。

动摇了公众的法秩序信赖而应当受罚,则说明其具有一般预防的需要。

第三,“动摇公众的法秩序信赖”的印象,究竟是通过行为人表现于外部的客观行为,还是这种外部客观行为所征表的行为人主观上的法敌对意思来说明,印象理论本身并没有提出明确的标准,这被认为是印象理论最大也是最致命的弱点。从表面上看,“印象”这一“客观性要素”似乎让印象理论在重视行为人的法敌对意思的同时,也兼顾了行为的客观效果。但是实际上印象理论和主观未遂理论并没有实质性差别。理由在于,印象理论的支持者在对“印象”进行解释时,认为“尽管印象理论补充了法动摇印象这一看似客观的要素,但该要素不涉及任何独立于主观意志之外的客观法益侵害危险,它体现的只是外化了的行为人意志内容对社会心理造成的冲击。换言之,所谓‘公众的法动摇印象’仍然是产生于主观犯意的危险,而非源自于客观行为的危险”。[1] 正是这种带有强烈主观主义倾向的解释,使印象理论本质上和主观未遂论没有太大的区别。

(三)不可罚的不能犯概念之提倡

德国刑法及理论在不能犯未遂的可罚性问题上,体现的是

〔1〕 陈璇:《客观的未遂犯处罚根据论之提倡》,载《法学研究》2011年第2期。

极端的一元行为无价值论的立场，并且极有可能在未遂犯的处罚根据上退回到主观未遂论。这明显违背了其不法二元论的理论通说。也有不少学者因此认为，德国《刑法》第23条第3款中“仅由行为的意图无价值所构成的不能犯并非刑法中不法的典型，它只是一种极为例外的情况”，更多的学者则是直接对该条款的合理性提出质疑甚至是否定。出现这样的局面，本身就说明德国学者对不能犯未遂的界定是一种在实定法桎梏下的无奈之举。如果不考虑立法限定，仅从概念定义的逻辑考虑，将不能犯未遂定义为不具有可罚性的未遂行为，或者为了避免用语导致的歧义，直接将这种不具有可罚性的未遂行为称为不能犯，当然是一种更为简单明了的区分方式。所幸的是，由于我国刑法并无处罚不能犯未遂的规定，上述德国实定法与刑法理论的困境和冲突在我国并不存在，在理论上提倡不可罚的不能犯概念当然也就不存在类似德国的立法障碍。因此，本书提倡应当以“是否具有可罚性”的标准，将全部未遂行为区分为未遂犯和不能犯。未遂犯有实现犯罪的危险，具有可罚性；不能犯不具有实现犯罪的危险，不具有可罚性。如何理解和判断“危险”便成为区分未遂犯和不能犯的关键。经由“危险”概念的检验之后，传统的不能犯未遂概念将得到消解，其中一部分会归入到未遂犯的范围，另一部分则划入不能犯的范围。由此则完全没有必要将未遂犯进一步区分为能犯未遂与不能犯未遂，当然也没有必要区分可罚的不能犯未遂和不可罚的不能犯未遂。[1]

(四)不能犯理论的核心问题

一般认为,未遂犯是着手之后没有既遂的犯罪形态,行为有无实现犯罪既遂的紧迫性危险是实行的着手的认定标准。不能犯,是指行为在形式上已经着手,但是实质上因为不具有实现犯罪的危险(具体危险),因而不具有可罚性。“何时能够肯定未遂的具体危险,何时则否定这种危险,涉及未遂的具体危险的含义及其判断方法的问题”,[2]对危险概念的理解及其判断规则的建构,是借助不能犯的理论平台深化和完成的。因此,整个不能犯理论的核心问题即危险的概念及其判断。

需要说明的是,着手的认定尽管表面上与“危险”判断相关,但实质上其并不是对危险本身展开的判断,其与不能犯理论中的危险判断是两个不同的问题。历来关于着手认定的学说,都是围绕着“如何区分预备与未遂”这一问题展开的,其关注是行为的危险是否具有时间—空间上“紧迫性”;而不能犯理论领域的学说则都是围绕“如何把握和判断行为的危险”这一问题

〔1〕 有学者认为不能犯可以分为有危险的不能犯和没有危险的不能犯,具体内容参见陈兴良:《判例刑法学》(上卷),中国人民大学出版社 2009 年版,第 370 页。

〔2〕 [日]山口厚:《刑法总论》(第 2 版),付立庆译,人民大学出版社 2011 年版,第 275 页。

展开。换言之,着手的认定主要是确定行为侵害法益的危险是否具有"紧迫性",不能犯的认定则是针对危险本身展开的判断。[1]

二、不能犯的学说梳理和评价

不能犯领域中的危险判断学说历来争论不断。其中主要有以下几种学说:纯粹客观说、纯粹主观说、抽象危险说、具体危险说、客观危险说。下文将对这几种学说逐一进行梳理和评价。

(一)学说介绍

1. 纯粹客观说。纯粹客观说主张,应当从最彻底的客观立场出发,以事后查明的一切客观事实作为危险判断的基础,以科学法则作为判断的标准,以此判断行为有无实现犯罪的危险。纯粹客观说是在绝对不能—相对不能的基础上进一步发展的学说。该学说认为,根据行为客体和手段的性质,在任何情况下都无法完成犯罪的,属于不具有可罚性的"绝对不能";如果只是因为偶然的原因没有发生结果,则属于可罚的"相对不能"。纯粹客观说无法回避和绝对不能—相对不能说类似的批判,即可

---

[1] 注意,这里当然不是说未遂犯的危险和不能犯的危险是两种不同的危险,而是就目前刑法理论研究的整体框架而言。着手认定理论主要着眼于区分犯罪预备和犯罪未遂;不能犯理论主要着眼于划定未遂犯的成立范围,即以危险为限,在未遂行为中甄别不具有可罚性的类型。

能与不可能之间的界限太过于模糊,实际操作中往往会过于限制未遂犯的处罚范围。“若是全部的事实都客观的考虑的话,在未发生结果的场合,不发生结果这一点就是个必然的结果,这很有可能就会导致也否定了危险的发生。这样的话,可以说就等于是否定了危险的独自的意义。”〔1〕并且,“纯粹客观说试图仅通过纯粹地考察事后的科学性、物理性危险程度来解决问题,也难免有陷入毫无结果的科学性论争的泥沼之虞”。〔2〕

2. 纯粹主观说。纯粹主观说认为,行为人的危险性或者行为人的犯罪意思是处罚未遂犯的实质根据。当客观行为足以征表行为人的危险性或者犯罪意思时,其行为就具有可罚性,应当以未遂犯处罚。纯粹主观说据此主张一切未遂的犯罪都具应当作为犯罪处罚,只有迷信犯才不具有处罚的必要。例如,误认为尸体是活人而射杀的行为,误将白糖当成砒霜给他人食用的行为,这些行为都足以征表出行为人的犯罪意思和危险人格,应当作为未遂犯罪对其进行处罚,而不是不可罚的不能犯。纯粹主观说代表的是一种极端的主观主义刑法理论,其从来也没有被

〔1〕 此外,客观说之所以招致诸多批评,根本原因在于该说对危险的理解不准确。后文将重点论述危险的实质,并以此为基础建构危险判断理论。

〔2〕 [日]奥村正雄:《不能犯之危险判断》,王昭武译,载何鹏、李洁主编:《危险犯与危险概念》,吉林大学出版社2006年版,第90~92页。

实务所采纳，大多数学者也不赞同这种观点。[1] 并且，对于为什么不处罚迷信犯以及重大无知的不能犯未遂应当减轻或者免除处罚，纯粹主观说始终无法给出令人信服的结论。

3. 抽象危险说。抽象危险说认为，应当以行为人的主观认识为危险判断的基础，以一般性经验法则作为判断标准，对行为的危险展开判断。换言之，如果根据行为人所设想的情形，结果是有可能发生的，都是具有可罚性的未遂犯。例如，行为人误以为尸体是活人，或者误将白糖当作砒霜，根据他们的主观认识和一般性经验法则作为判断标准，结果是有可能发生。因此，这些行为都具有实现犯罪的危险，有可能构成杀人罪未遂。抽象危险说在判断行为的危险时，并不考虑结果发生的现实条件，而是仅就行为本身的举止无价值、行为本身的危险性展开一般化的、抽象的判断，因此在学说上被称为抽象危险说。抽象危险说能够合理解释迷信犯和重大无知的不能犯未遂的处罚效果，这是其与纯粹主观说的重要区别。

4. 具体危险说。具体危险说主张，应当根据行为时的客观事实，按照一般人的经验标准，对行为的具体危险展开判断。如果在一般人看来没有产生结果的具体危险，则属于不能犯。具体危险说因此进一步认为，危险判断的基础不是行为人主观上

---

[1] 只有20世纪初期的少数几位日本学者主张此种学说，宫本英修和庄子邦雄是其中的代表性学者。

认识到的内容,而应当以一般人在当时可能认识到情况作为判断基础。其与上述抽象危险说的最大区别在于:以一般人的认识代替行为人的认识,以此作为危险判断的基础。例如,行为人以为其射杀的对象是人,但其实是一尊佛像,就此还不能马上得出是否构成杀人未遂的结论。还要进一步考察,在当时情况下,如果一般人都能够认识到那是佛像,则行为不具有实现犯罪的具体危险。在此,作为危险判断基础的是一般人的认识而非行为人的认识。但具体危险说有时又会放弃一般人的认识,转而以行为人的认识作为判断基础。例如,如果一般人不可能认识到被害人是一位隐性血友病患者,而行为人特别地认识到了这种情况并且用小刀在被害人手臂上割了一刀,这种场合则应当以行为人特别认识到的内容作为危险判断的基础。

5. 客观危险说。客观危险说认为,未遂犯的处罚根据不仅仅是行为本身的抽象危险,还应当对这种具有抽象危险的行为展开具体的考察。但是传统的具体危险说通过"行为时一般人的危险感"来建构具体危险的判断标准,则进入一个方法上的误区。因为"事前的一般人的危险感"在理论上并没有充分的根据,实际操作中也无法顺利展开。因此,关键的问题是,如何建构一种更加合理、实用的判断具体危险的方法。以结果无价值论为基础对传统具体危险说的内容进行扬弃,以及对危险判断基础的展开更加客观化的限定,是客观危险说的主要特点。

(二)梳理和评价

1.纯粹客观说和纯粹主观说这两种学说并非真正意义上的危险判断学说。在绝对不能说—相对不能说基础上发展而来的纯粹客观说,尽管理论上可以划入客观未遂论的阵营,但是该学说在理解和判断行为的危险时,并没有遵循客观危险论的基本原理。因此,在面对主观未遂论者的批判时,纯粹客观说论者缺少了最有力的反驳武器。纯粹主观说体现的是主观未遂理论。主观未遂论以主观危险论为基础,而主观危险论与因果关系中的条件理论又密切相关。这一点可以从主观未遂论的代表性学者冯·布里(Von Buri)身上得到印证,冯·布里本身就是条件理论的坚决拥护者。主观未遂论者通过主观危险理论来反对客观的危险概念。他们认为,从既成的客观行为事实中无法判断结果发生的可能性。换言之,从事后的角度根本无法判断危险。只有在行为人的主观犯罪意思、行为人的危险性格中,才能找到处罚未遂犯的实质根据。纯粹客观说放弃客观危险论,也就失去了把握危险概念的理论机会,因此无法抵抗主观未遂论者的攻击而遭受了理论上的失败;纯粹主观说以行为人的危险作为处罚未遂犯的实质根据,属于已经被现代刑法体系否定的主观主义刑法观念。

2.抽象危险说实际上是一种仅围绕行为本身的危险性而展

开判断的学说。抽象危险说以行为人认识的内容作为危险判断基础,以一般性经验法则为标准,如果行为具有侵害法益的危险,就是具有可罚性的未遂犯。如果对抽象危险说的内容展开进一步分析,则不难看出其所谓的危险实际上只是行为本身的危险属性。

行为的"目的"是客观行为和行为人连接的唯一媒介。[1] 抽象危险说在危险判断时之所以诉诸行为人的认识,其理论根据在于:通过"行为人之所想"来确定"行为人之所为",只有当"行为人之所为"被确定之后,逻辑上才有可能对行为的危险展开判断。尽管找到了危险判断的起点,但遗憾的是抽象危险说并没有在此基础上更进一步,而是就此以行为本身的危险性作为处罚未遂犯的根据。行为本身的危险性体现的是行为不法,抽象危险说实际上只是对未遂犯的行为不法展开了判断,至于客观上是否存在实现抽象危险的现实条件,抽象危险说对此并没有继续深入下去。我国有学者认为抽象危险说和纯粹主观上实际上并无太大区别,"抽象危险说是主观主义刑法理论的产物,即只要行为人计划实施可能发生结果的行为,因而征表出行为人的反社会性格,就应当作为犯罪处罚"。[2] 而且"从结论上

---

〔1〕 从行为的存在结构看,作为媒介的"目的"就是行为人主观上设定的行为目的;如果从行为刑法归责的角度考虑,"目的"是一种具有法律重要性的、规范的、客观的目的。

〔2〕 张明楷:《刑法的基本立场》,法律出版社 2002 年版,第 237 页。

看，在抽象危险说的视野中，除迷信犯之外，不可罚的不能犯是不存在的，这同纯粹的主观说并无二致”。[1] 本书不同意该论者的观点，理由如下：主观主义刑法的注重的是行为人的危险性，而非行为的危险性。尽管通过行为的危险性可以征表出行为人的危险性，但毕竟两者不是同一层面的概念。通过说明行为本身的危险性来确立未遂犯的处罚根据，这与仅以行为人的危险性作为处罚重心的纯粹主观说存在本质区别。此外，抽象危险说能够从自身的理论立场排除迷信犯以及重大无知的不能犯未遂的可罚性，不仅体现了其与纯粹主观说在具体结论上的差异，而且两者的理论根基也大相径庭。

关于不能犯的危险判断问题，我国的通说以及以印象理论为基础的德国通说，其实质内容和抽象危险说相差无几。抽象危险说以行为本身的危险性作为处罚根据，其理论基础可以归结为一元的行为无价值论，与主流的二元不法理论已相去甚远。随着印象理论在德国的日薄西山，抽象危险说也日渐衰退，其在日本则早已成为被抛弃的学说。我国的不能犯未遂的通说观点也已经被越来越多的学者所否定，并进而采取客观危险说或具体危险说。

3. 与抽象危险说相比，具体危险说主张应当对行为的具体

---

[1] 钱叶六：《犯罪实行行为着手研究》，中国人民公安大学出版社 2009 年版，第 194 页。

危险展开判断,这一点契合了当代二元不法论的要求。但在危险判断的方法上,传统的具体危险说存在如下重大缺陷。第一,具体危险说主张以一般人的认识内容作为危险判断基础,但是在某些场合应当以行为人特别认识取代一般人的认识。这种以结论为导向的做法理由何在,具体危险说本身并没有给出合理说明。第二,确定"一般人可能认识到的内容"的标准和方法不明确,缺乏可操作性。例如,行为人以杀害的意思朝被害人开枪,但实际上打中的是一尊佛像。具体危险说认为在这种场合,应当根据一般人在当时认识到的内容作为危险判断的基础。如果一般人在当时也会认为那是"人",则行为具有杀人的具体危险;如果一般人在当时都能认识到那是一尊佛像,则行为没有杀人的具体危险。具体危险说在危险判断时,实际上是以"一般人在行为当时的危险感"作为实质性标准,以此判断行为有无具体危险。但是,这种"一般人在行为当时的危险感"就如同前述印象理论中的"印象",是一个极其模糊且缺乏实际可操作性的标准。因此,和印象理论一样,具体危险说也是一种缺乏理论一贯性,在实践中难以充分展开的学说。

总之,在危险判断上,具体危险说既希望避免"将危险界定为行为的危险性"这种一元的行为无价值论,又不敢完全将危险判断诉诸事后查明的全部客观事实,因此将危险判断的基础折中于一般人认识到的事实。唯有在行为人有特别认识而一般人无法认识的情况下,为了避免结论的不合理性而将判断的基础转移到行为人的认识内容,这就像是一个人在走路时出现了左脚绊右脚的滑稽画面。其实,具体危险说在采纳“行为人特别认识的事实”作为判断基础的场合,实际上就是以客观事实为判断基础。而具体危险说的另一主要规则——一般人的认识,不过是针对“行为的全部客观事实”(事后立场)的一种技巧性限制而已。那么究竟能不能以全部的客观事实为判断基础而坚持事后判断的立场,事后判断是否会导致“所有的未遂犯都可能被认定为不能犯”,下文将对此展开论述。

三、探究危险概念

综观各种危险判断的学说,其争议的焦点在于危险判断的基础,即究竟是以行为人的认识内容为判断对象还是以行为的客观事实(包括事后查明的事实)为判断对象。[1] 主观未遂论者以事后无法判断危险为由,进而主张只能以行为人设想的内

---

〔1〕日本刑法理论一般将危险判断分为三个层面:一是判断基础,即危险判断的对象;二是判断的标准,即应当以行为人、一般人还是科学的因果法则为判断标准;三是判断的时间点,是以行为时还是以事后作为判断的时点。参见张明楷:《未遂犯论》,法律出版社、成文堂1997年版,第224页。其实最关键的还是如何确定危险判断的对象,判断标准的选择在各种学说之间已经争议不大。而判断时点的选择其实与判断对象的确定是同一个问题,如果采取的是事前判断立场,则当然是以行为时为判断时点;如果主张事后判断,则说明必须考虑事后查明的所有事实,也就意味着不可能再回到行为时进行判断。

容作为危险判断的对象,客观未遂论旗下的诸学说亦忌惮于若完全考虑事后查明的客观事实,恐怕会导致不能犯的范围过宽的不合理结论。因此,“若是考虑事后查明的所有事实,则所有的未遂犯都是不能犯”这一质疑似乎已经成为横亘在客观危险说面前难以克服的障碍,以事后立场对危险展开判断就必须克服这一障碍并建立起一种牢固的方法论基础。[1] 还应当看到的是,如何理解危险的概念是解决危险判断这一技术性问题的前提和基础。换言之,究竟能否从事后的角度客观地理解和把握危险,这取决于人们如何理解危险的概念。

如前所述,主观危险论的理论基础是条件理论,条件理论代表的是一种自然主义的因果理论。主观危险论反对有所谓的“发生侵害结果的客观盖然性”,即反对客观的危险概念。从事后观察,任何事件总是因缺乏或齐备影响其发展进程的所有条件而“必然”发生或不发生。换言之,在设定导致结果发生所有条件的前提下,不存在“可能发生”结果的问题。然而,正是因为对导致结果发生要素的判断仅能是“预见”,所以,可能性(危险)只存在于行为人事前的“预知”中。主观危险论者否认事后的危险,只认可事前的、主观的危险。然而,同客观危险论的学者一样,对于上述危险从何而来,主观危险论者同样要借助相当

[1] 前述具体危险说在危险判断构造上之所以出现“绊脚”现象,究其原因恐怕也在于无法克服“事后判断”的方法论障碍。

性规则。其所认为的危险,只不过是从事前的角度、行为的主观面理解危险概念。以这种危险概念为基础,主观危险论者推导出主观的未遂论,将未遂犯的处罚根据限定为事前的、行为主观面的抽象危险。但无论是在立法层面还是刑法理论中,具体危险是客观存在的而且是可以对其具体判断的,各国刑法中对具体危险犯的规定就是明证,即便是在未遂犯领域,具体危险犯作为未遂犯的处罚根据已经被广泛接受。

客观危险论将危险的实质理解为一种客观上的可能性,其运用的思维是一种一般化的抽象思维,它通过一般性的经验法则对结果发生的可能性展开一种一般化的、客观的考察,这种一般化的考察以人们的经验知识的积累为前提,在既存经验法则(某行为具有导致特定结果发生的一般条件)的基础上,客观可能性的内涵是,基于社会生活的积累而形成了许多“若甲则乙”的“常则”知识,根据上述规则,判断者就不能不承认甲与乙之间的关系是相当的,亦即甲在一般情形下,足以导致乙的发生,因此危险不是人类无知的产物,而是经验知识不断积累的产物。客观可能性的概念来自相当理论,而这种客观可能性即客观盖然性,其本身具有客观性并且和主观认知无关,这就从根本上否定了条件理论以及建立在条件理论上的主观危险论。

总之,以发生侵害的客观盖然性为实质的危险概念,使“在结果没有发生的情况下判断危险”具有了坚实的方法论基础。当然，抽象思维毕竟和具体思维不同，如何在具体的事例中以事后的立场具体地判断行为有无危险，是阐明危险概念之后需要进一步解决的关键问题。

四、具体危险的判断

二元的不法理论要求，不能犯中的危险判断也必须由抽象危险和具体危险共同来决定。[1] 换言之，仅有抽象危险的行为尚不能满足未遂犯的不法要求，未遂犯同样需要结果上的不法。如前所述，与抽象危险说不同，具体危险说将未遂犯的处罚根据限定为行为的具体危险。该说在根基上与二元不法论相一致，但在判断时点的事前性、判断标准的一般人危险感规则意义上，具体危险说在理论和实践操作层面均非没有可议之处。本书认为，在具体危险的认定上，应当放弃具体危险说提供的标准，在更为客观化的层面建构危险判断标准。

---

〔1〕 二元不法论是德国目前通行的不法理论。“德国刑法学自客观违法性论战胜主观违法性论以后，历经了一元结果无价值论的盛行、行为无价值概念的引入、一元行为无价值论的闪现以及折中的二元论最终成为通说的过程。”参见陈璇：《德国刑法学中结果无价值与行为无价值的流变、现状与趋势》，载《中外法学》2011 年第 2 期。基于篇幅限制，本书对不法理论的演变及争论不予展开论述，而是直接采纳二元论的立场。

（一）具体危险的客观限定：事后判断

行为的抽象危险是行为本身的属性，即行为的危险性。[1]行为的危险性是一种事前的危险，而且事实上也只能通过行为人的角度来界定其行为本身的危险。这是从行为构造得出的必然结论：既然行为是主观见之于客观的活动，明晰行为性质，首先就离不开行为人的认识，因此，应当以行为人认识的内容为判断对象，以经验性法则为标准对行为的抽象危险展开判断。但是，在未遂的场合，具有危险性的行为本身同样需要辅以一种具体的危险状态来满足结果不法的要求：也就是在事后看来，尽管行为的危险性没有现实化为侵害结果，但是受保护的客体法益实际上已经陷入一种具体的危险状态之中。这种具体的危险状态是以事后查明的所有事实为基础的评价性判断，在这里就不得不考虑来自主观未遂理论的最为有力的质疑：在事后看来，所有实际存在的导致结果不发生的因素，必然会导致结果不会发生，所有的未遂犯都是不可能发生结果的不能犯。但是，这一疑问已经被客观危险理论成功化解了：尽管没有产生结果，也不妨碍行为导致结果发生的客观盖然性这一评价性判断，因为危险

---

〔1〕 应当看到，以相当理论为基础的客观可能性判断，实际上是对行为本身的危险性展开的一种抽象逻辑判断，所以首当其冲的便是如何界定行为人的行为，只有确定了行为本身，才能判断行为的危险性以及行为的危险性是否现实化为具体危险或者结果。

的判断本来就是只涉及结果出现的盖然性,而非确定性。所以,以事后的角度展开具体危险的判断,在方法论上不成问题。

相反,如果以抽象危险代替具体危险,或者否认具体危险的存在,就容易将差异化的事实等值对待,将不同法律效果的行为做同质化处理。让我们来比较下面两个例子:执行军事任务的军人因疏忽而没有装子弹,行为人一把夺过该枪并用来杀人(例一);户主将手枪放在客厅的柜子里做装饰使用,行为人以为枪里有子弹而夺枪杀人(例二)。在上述两例中,行为人都是在夺枪杀人的意志支配下实施了行为,行为在客观上的具有致人死亡的抽象危险,然而,无论如何不能将二行为人等同视之。这是因为,军人在执行军事任务时通常都会装弹,而作为装饰使用的枪支会因避免孩子可能的误伤等考量而通常不装弹,上述事实导致同样的举枪杀人行为在客观上存在重大差别,将上述两例中行为人的行为认定为杀人未遂是严重不均衡的。可见,抽象危险仅仅体现出行为不法,必须同时借助具体危险判断结果不法。

(二)具体危险及其判断:抽象危险的现实化

具有抽象危险的行为发展为具体危险,离不开特定条件。换言之,行为本身的抽象危险与具体的危险状态(或者结果)之间有一个现实化的过程,这一危险现实化的过程实际上就是各种条件汇集的过程。抽象危险所要求的基本条件是否实际存在，是抽象危险现实化的关键。如果各种条件在实际中互相汇合并最终导致结果发生，则行为的抽象危险便已经现实化为结果；如果结果没有发生，但行为客体在实际中陷入了具体的危险状态，则行为的抽象危险在此现实化为具体危险。所谓具体危险的判断，关键在于考察行为客体是否处于一种"损害结果很有可能发生"的危险状态中。具体到事例中，例如，一个骰子被掷出后出现六点朝上的概率是 1/6，也就是出现六点的结果具有客观盖然性，这是一个具体行为（掷骰子）所具有的"抽象危险"。但如果要对某一次特定的掷骰子的行为进行考察，就需要考察"根据一般经验法则所确定的抽象危险所需要的基本条件是否实际存在。根据一般经验法则，只要是一个质地均匀的骰子，其出现六点朝上的概率就具有客观性，所以危险现实化的基本条件就是所掷出的骰子是一个质地均匀的骰子"。同样，当行为人计划开枪杀人时，虽然不能否认行为具有致人死亡的抽象危险，但要赋予行为具备致人死亡的具体危险特质时，就不能不考察诸如手枪射程与被害人距离、被害人是否在行为现场等各种条件。在结果没有发生，并且是由于缺乏发生结果的必要条件所致时，就需要站在一般经验的立场上，考察"所缺乏的条件"实际存在的可能性。如果在事后看来缺少"危险现实化的条件"以致最终的侵害结果没有实现系出于偶然，则仍可说明损害的发生具有盖然性,保护客体已经陷入“很有可能发生损害”的具体危险状态之中,应当作为未遂犯处罚;如果“缺少的条件”符合一般人的常识观念,则说明没有侵害的盖然性,保护客体并没有陷入“很有可能发生损害”的具体危险状态中,不具有未遂犯的可罚性。这就是具体危险判断的基本构造。

（三）具体危险的判断构造在典型案例中的演绎

还应当进一步说明的是,“刑事责任建立在行为责任主义之上,刑法在乎的因果流程,仅从构成要件行为实施当下开始起算,达到犯行产生的损害作用结束(不论损害发生或未发生)为止”。[1] 因此,不能犯中的危险判断应当限定在行为着手之后的实行阶段。例如,甲想要杀害其仇人乙,计划用其家中的农药投入乙的饮食中,但是乙在进食后发现事物有一股刺鼻难闻的味道便将其倒掉,甲的杀人行为归于未遂。而事后查明的事实是,该农药是甲两年前购买的伪劣产品,根本没有致人死亡的毒性,即使乙将掺有该农药的食物全部吃完,也不可能被毒死。这里就存在一个不可罚的不能犯,因为在行为人“投毒”时,具有致人死亡的毒药这一条件已经不可能存在,尽管可以认为甲在

〔1〕 许恒达:《论不能未遂——旧客观说的古酒新酿》,载《清华法学》2011 年第 4 期。

两年前也很有可能买到真的毒药，但毕竟“能够致人死亡的毒药”这一条件在实行的阶段已经是一个不可能存在的条件，甲的行为并没有现实化为具体危险（结果），所以不成立杀人未遂。[1] 如果甲买到的是具有致死性的毒药，为了掩人耳目将其装入调味瓶并放入橱柜中，但是在其投毒时由于一时疏忽将其他的调味品当成了毒药，这里就存在一个明显的未遂犯罪了。因为在甲投毒时，“真正的毒药”这一条件是存在的，甲只是一时疏忽错拿了调味品而已。换言之，甲很有可能将毒药掺入乙的饮食中进而实现杀人的结果，乙的生命法益在事后看来无疑处于具体的危险状态中。

第四节　本章小结

不能犯是指因欠缺行为的危险而不具有可罚性的未遂行为，因此如何认识和把握危险概念是不能犯判断的核心问题。德国《刑法》第 23 条第 3 款的规定，导致其理论上以印象说作为未遂犯处罚根据的通行观点，亦是实务中对不能犯未遂的可罚性持肯定态度的主要原因。但客观未遂论取代印象理论已成为

---

〔1〕 实际上甲的行为属于预备阶段的“不能”，甲还没有迈过预备阶段进入实行阶段，也就谈不上有无未遂犯的危险了。

德国未遂犯理论发展的主要趋势。危险的本质是结果发生的客观盖然性,危险的判断涉及的是结果发生的盖然性而非确定性,客观危险理论为危险的事后判断立场提供了方法论上的支持。具体危险说在危险判断上契合了二元不法论的理论诉求,但在危险判断的具体规则上存在重大缺陷。对具体危险的判断应当从更为客观的角度加以限定。具体危险即抽象危险的现实化,对具体危险的判断,主要就是从一般人的角度对抽象危险现实化的条件是否可能存在而展开的评价性判断。具体危险的判断应当限定为着手以后的阶段,而不包括预备阶段。

以客观危险理论作为方法论基础,危险概念已经不再是自然意义层面的"可能与不可能"的判断,而是一个作为行为有无可罚性根据的规范性要素而存在。将具体危险的判断构造限定为:对抽象危险现实化的条件展开一种"是否可能存在"的评价性判断,而且这种判断亦需要以一般人视角中的常理常识作为标准,这是否同样表明"危险"终究不过是一种一般人的危险感?本书所主张的危险概念及其判断方法,从某种意义上来说的确属于一种"事后的危险感"。但其与传统的具体危险说限定的"事前的危险感"之间最大的差别在于:前者是一种基于客观盖然性原理的推导,后者则更多地偏向一种一般人的主观臆测。在本书所提倡的具体危险的判断方法中,同样必须考虑一般人的观念。但以事后查明的客观事实作为危险判断的基础,无疑使具体危险的判断更具客观性和可讨论性。可以说,这也在最大程度上限制了刑法中的危险概念变成一个真正危险的概念。

第四章

危险概念的展开之二:危险犯

随着刑事立法中危险犯被大量规定,危险概念从作为刑法总则未遂犯规定的解释性概念,发展为刑法分则规定的犯罪行为类型的核心要素。“在现代立法中,危险性犯罪的数量总是在增加,但是,对危险性犯罪的研究还处于刚刚开始的阶段。”[1]因此,危险犯的规定为危险概念的研究开辟了一块全新的领地,在这片领域中,作为构成要件核心要素的危险概念,在危险犯的理论研究中具有关键性意义。

---

〔1〕 [德]克劳斯·罗克辛:《德国刑法总论》(第1卷),王世洲译,法律出版社2005年版,第275页。

第一节　危险犯概述

危险犯的概念对于我国刑法学界来说并不陌生，有危险犯理论的文献也可谓汗牛充栋。[1] 危险犯理论所要解决的问题主要有以下几个：危险犯与实害犯、行为犯、结果犯的区别，危险犯分类和梳理，危险犯的犯罪形态，危险犯中的危险判断等。鉴于本章的主题是危险概念在危险犯中的展开，因此本章主要研究的内容是危险犯中的危险及其认定，对其他问题则将围绕危险概念进行简要论述。

善于抓住热点话题展开刑法学的研究，是我国刑法学界的一大特色。在危险犯领域，结合风险社会理论进行研究俨然成为最具前沿性的研究方向。例如，我国学者最常引用德国社会

---

〔1〕 有关危险的专著可参见鲜铁可：《新刑法中的危险犯》，中国检察出版社 1998 年版；王志祥：《危险犯研究》，中国人民公安大学出版社 2004 年版；舒洪水：《危险犯研究》，法律出版社 2009 年版；陈洪兵：《公共危险犯：解释论与判例研究》，中国政法大学出版社 2011 年版；何鹏、李洁主编：《危险犯与危险概念》，吉林大学出版社 2006 年版等。相关论文请参见张明楷：《危险犯初探》，载《清华法律评论》1998 年第 1 期；苏彩霞：《危险犯及其相关概念之辨析》，载《法学评论》2001 年第 3 期；马松建：《论危险犯的危险》，载《河北法学》2001 年第 4 期；李兰英：《论危险犯的危险状态》，载《中国刑事法杂志》2003 年第 2 期；杨兴培：《危险犯质疑》，载《中国法学》2000 年第 3 期等。

学者乌尔里希·贝克关于风险社会的界定：风险社会，是指西方工业国家在经济、社会、技术和医疗结构高速改进过程中，社会肌体对混乱的抵抗力完全丧失的一种社会状况。在现代化进程中，生产力的指数式增长，使危险和潜在威胁的释放达到了一个前所未有的程度。与传统风险相比，现代风险在本质、表现形式和影响范围上有了很大不同，它们更难预测、更难捉摸，并且影响范围更宽广，带来的破坏性也更严重。风险社会的风险具有难以感知性、风险的难以计算性、风险的延展性等特征。[1] 有学者进而指出，我国已进入风险社会的时代，“前现代、现代和后现代的社会结构特征”在当代中国交织并存，毒奶粉事件、煤矿溃坝事件、交通事故、地震、环境污染、计算机病毒、电磁辐射、转基因食品，这些都预示着风险社会离我们并不遥远。[2] 既然人类社会已进入风险时代，现代刑法已转向以风险防控为主要职能的风险刑法，研究危险犯当然就有其重大的现实意义。但本书认为，当前的危险犯理论应当走出这一研究思路上的误区。上述学者所举的具体事例，多属于人类进入现代社会以来就已经出现的问题，毒奶粉事件、生产责任事故、交通事故、环境污染

[1] 参见[德]乌尔里希·贝克：《风险社会》，何博闻译，译林出版社2004年版，第18~20页。

[2] 参见薛进展、王思维：《风险社会中危险犯的停止形态研究》，载《华东政法大学学报》2009年第5期；郝艳兵：《风险社会下的刑法价值观念及其立法实践》，载《中国刑事法杂志》2009年第7期。

等都是明显的违法犯罪行为，属于现代社会秩序维护、控制的领域。此类事件所带来的危险也不具有难以感知、难以计算性，相反，人类社会是在掌握了防控这些危险的相关知识的基础上，才建构起一整套危险防控制度。所谓风险社会理论，即便其和现代社会特征相符合，其在刑法学领域也只能是以公共政策为介质成为刑事政策和刑事立法体系的影响参数，而绝不是直接和刑法教义学理论串联，在具体的犯罪类型的解释和适用上以一种牵强附会甚至是庸俗的方式展现出来。

一、危险犯的概念

危险犯的概念源自实害犯和危险犯的分类。德国与日本刑法理论一般将犯罪分为实质犯和形式犯，在实质犯之下又有实害犯和危险犯的区分。所谓实质犯，是以对法益的实害或者危险为内容的犯罪；与此相对，所谓形式犯，不是以对法益的实害或者危险为内容，而是以单纯违反行政上的义务为内容的犯罪。例如，违反各种行政管制法规中的申报义务、报告义务等就属于形式犯。[1] 我国刑法理论基本上沿袭了这种犯罪分类的方法，也将犯罪划分为危险犯和实害犯。但是，关于危险犯的概念的

〔1〕 参见［日］西原春夫：《犯罪实行行为论》，戴波、江溯译，北京大学出版社2006年版，第106页。

界定却是众说纷纭,莫衷一是。[1] 本书认为,大多数争议仅限于概念定义的文字表述方式,并无太大的实际意义。刑法以保护法益为目的,侵害法益的犯罪行为总体上无非表现为两种形式:一是对承载法益的客体造成了实在的、物理的侵害结果,二是没有造成这种实害结果,但是具有造成实害结果的可能性。以后一种情形为处罚根据的犯罪即可以称为危险犯,即危险犯本质上是具有侵害法益危险的犯罪,其外延不仅包括刑法分则所规定的危险犯,也包括一般的未遂犯(中止、预备)。至于未遂犯中的危险和危险犯的危险是否"同一种危险"的争论,只是对各自危险的不同认定方法的争论,在"侵害可能性"这一意义上,两者具有相同的本质。

二、危险犯的种类

真正的问题在于危险犯的内部划分。除去前面已经讨论过的未遂犯,对于刑法分则所规定的不需要发生实际侵害结果的那部分犯罪而言,"侵害可能性"的要求是否都是一样的,如果不同,又应该依据何种方法对其进行进一步的划分。这就是危险犯的划分所具有的理论价值。

---

[1] 参见鲜铁可:《新刑法中的危险犯》,中国检察出版社 1998 年版,第 24 ~ 28 页;王志祥:《危险犯研究》,中国人民公安大学出版社 2004 年版,第 11 ~ 21 页;舒洪水:《危险犯研究》,法律出版社 2009 年版,第 8 ~ 18 页。

(一)具体危险犯和抽象危险犯的区分

根据危险认定的不同,刑法理论一般将危险犯分为具体危险犯和抽象危险犯,对此理论上并没有太大争议。具体危险犯是指为了成立犯罪,要求具体的法益侵害危险现实化的犯罪类型。例如,我国《刑法》第114条规定的放火罪,必须以出现目的物的独立燃烧状态为要件。[1] 放火行为所产生的具体危险,在本罪中以"独立燃烧"这种解释性要件现实化和类型化了,这和未遂犯中的具体危险相比,从某种意义上来说是一种更为"具体的、直观的"危险,在后文关于未遂犯和具体危险犯的关系部分,本书将对此展开更为细致和深入的探讨。危险的现实出现,是具体危险犯构成要件的标志。例如,林东茂认为:"具体危险犯是指,特定的行为方式引发实际的危险结果,构成要件方属该当。危险状态的有无,不是立法上的推测,而是构成要件的一部分;司法者必须就个案判断危险是否已经出现,如果行为并未引发危险状态,构成要件就不该当。"[2] 我国学者大多持此观点,认为具体危险犯是以危险状态的现实

---

[1] 至于出现独立燃烧状态是否构成本罪的"既遂"还是属于本罪成立的必要条件,学者之间有不同意见。出现这种争议实际上是为了解决"出现具体危险之后是否有成立中止犯的余地"这一问题。关于这一问题的具体探讨,请参见本章第二节第二部分。

[2] 林东茂:《刑法综览》(修订5版),中国人民大学出版社2009年版,第384页。

出现为标志,具体危险犯的危险需要司法人员根据个案案情展开具体认定。

抽象危险犯,是指将一般的具有法益侵害危险性的行为本身作为刑法禁止的犯罪类型。抽象危险犯不要求具体的法益侵害的危险现实化。例如,符合危险驾驶罪规定的行为,一般而言是作为具有高度的发生交通事故危险性的行为而加以禁止的,即使在道路上没有其他车辆或者行人,这种危险驾驶行为本身也是刑法所禁止的。因此,抽象危险犯中的危险,被大多数学者认为是一种行为本身所具有的类型性危险。关于这种类型性危险的具体理解,理论上有两种不同的观点:第一种观点是,行为本身的类型性危险是抽象危险犯的立法理由,而不是构成要件的标志。"行为的危险性在这里不是构成要件标志,而只是法律规定的存在理由,法官对此通常不必去审查危险性在个案中是否已经出现或者并未确实出现。"[1]第二种观点是,抽象危险犯的危险是一种立法推定的危险。即一旦出现特定的行为方式,就可以推定危险状态已经形成。[2] 本书认为两种观点均有失偏颇。首先,既然行为本身的类型性危险是抽象危险犯的立法理由,那么最终规定的犯罪也必然是这种具有危险性的行为,

〔1〕 [德]约翰内斯·韦塞尔斯:《德国刑法总论》,李昌珂译,法律出版社 2008 年版,第 14 页。

〔2〕 参见林东茂:《刑法综览》(修订 5 版),中国人民大学出版社 2009 年版,第 384 页。

类型性的危险是抽象危险犯行为类型的实质内容，法官即使不必对这种类型性危险是否实现进行审查，也必须就危险性的行为本身进行审查，否则法官根本无法展开构成要件符合性的判断。因此，行为的危险性既是抽象危险犯法律规定存在的理由，也是其构成要件的标志，确切地说是构成要件行为的标志。其次，行为人实施了具有危险性的行为，就以此推测危险状态形成，这种"有罪推定"的做法首先就违反了罪疑有利于被告的基本原则。更为重要的是，在抽象危险犯中以一种推定的方式要求现实的危险状态出现，这本就是具体危险犯的理解方式，这无疑抹杀了抽象危险犯在理论上的存在价值。因此，应当否定这种将抽象危险犯在解释上更改为具体危险犯的做法，在否定"以行为的实施推定危险状态的出现"这种理解方式的同时，也就否定了抽象危险犯是否允许反证这一问题产生的前提。换言之，抽象危险犯的审查是就行为本身的危险性展开的，无所谓针对"现实危险的出现"是否允许反证的问题。

（二）抽象危险犯的进一步细分：准抽象危险犯概念之提倡

抽象危险犯中的危险，其是否实现不需要法官具体的审查，但是对行为本身的危险性审查到何种程度，却是一个需要进一步厘清的问题。日本学者山口厚教授明确提出将抽象危险犯再进一步划分的观点:“一直以来,在被汇总为抽象危险犯的犯罪之中存在如下见解:虽然法律条文上不要求‘危险’的发生,但是,为了认定已经实施了成为处罚对象的、符合构成要件的行为,与某种结果事态相关的、某种程度具体的、实质的危险发生是必要的。这种危险较之构成通常的抽象危险犯之处罚根据的危险(抽象的危险)而言,更加要求具有‘具体’的内容。我想讲这种某种程度上更加具体的抽象危险称之为‘准抽象危险’。这种法律条文所规定的行为本身要求某种程度的具体危险的发生的犯罪,可以称之为以‘准抽象的危险犯’。”〔1〕以我国《刑法》第116条规定的破坏交通工具罪为例,足以使其交通工具发生倾覆、毁坏危险是本罪构成要件的要素,成立本罪既不需要发生倾覆、毁坏交通工具的现实危险状态,也不是只要实施了破坏交通工具行为本身就可以成立本罪,而是要对这种行为是否包含了“足以倾覆、毁坏的危险性”进行具体的判断,这与典型的抽象危险犯如制造爆炸物、生产假药等犯罪,最起码在法条表述上存在重大区别。而我国《刑法修正案(八)》对生产、销售假药罪的修改(删除了“足以严重危害人体健康”的规定),恰好从侧面反映了在危险犯的规定中,的确存在一种介于典型的具体危

〔1〕[日]山口厚:《危险犯研究》,东京大学出版社1982年版,第251页以下。我国也有部分学者赞同准抽象危险犯的概念,参见鲜铁可:《新刑法中的危险犯》,中国检察出版社1998年版,第45~46页;杜文俊、陈洪兵:《质疑“足以”系具体危险犯或危险犯标志之通说》,载《中国刑事法杂志》2012年第2期。

险犯和典型的抽象危险犯之间的准抽象危险犯。

准抽象危险犯概念的提倡，是应运刑法谦抑原则以及侧重结果无价值的不法论之动向而提出的危险犯划分方法，但其在理论上仍然承认典型的抽象危险犯的存在。相比较准抽象危险犯，典型的抽象危险犯（如危险驾驶罪）侧重的是对行为本身的禁止，尽管这种行为包含着类型性的危险，但是其与法益侵害结果以及具体危险可以说是越来越远了，其危险犯的属性因而遭受到越来越多的学者的质疑。“在这个意义上，只要以各种行为为例来看，就不能否定：抽象危险犯与法益的关联性非常薄弱，其危险犯的属性不过徒有其表，而且最终近乎形式犯了。”[1]因此，更为彻底的观点认为，对全体的抽象危险犯都应当将其作一种实质化限定。但是本书认为，这种做法违背了抽象危险犯的立法本意，对某些行为类型由于其对法益侵害的严重性，其产生的危险具有难以防控性等特点（如对枪支、弹药、危险物质等违禁品的管制），出于刑事政策和社会风险防控机制的要求，应当在立法上放弃其与法益之间的具体关联性，而转向一种对行为本身的禁止。

[1]　[日]西原春夫：《犯罪实行行为论》，戴波、江溯译，北京大学出版社 2006 年版，第 109 页。

第二节　具体危险犯中的危险及认定

一、具体危险犯的危险与未遂犯的危险之辨析

实害犯的未遂犯，如杀人罪的未遂，以实际产生侵害生命法益的具体危险为成立条件，因此，从这种危险的角度出发，也可以认为实害犯的未遂犯是一种广义上的具体危险犯。但是，未遂犯不仅存在于以发生法益侵害结果为既遂的实害犯中，对于某些抽象危险犯，如我国《刑法》第 125 条第 1 款规定的非法制造枪支、弹药、爆炸物罪，刑法以一定的替代性结果（实际制造出一定数量的枪支、弹药、爆炸物）作为既遂标志，此类犯罪的未遂犯就是指具有发生既遂结果可能性的行为，抽象危险犯也存在未遂形态。但是，对于以具体危险的出现作为成立条件的具体危险犯，其是否也存在未遂形态？回答这一问题的关键就在于具体危险犯的危险，与（实害犯的）未遂犯中的危险是否属于同一种意义上的危险。如果具体危险犯中的危险指的就是发生实际侵害结果的具体危险，那么未遂犯与具体危险犯在本质上就是同一种犯罪，逻辑上也就不存在具体危险犯的未遂犯了。例如，甲意图放火烧毁某住宅小区的仓库，在泼洒完汽油后刚要

点火之际，被巡逻的保安人员发现并及时制止。按照未遂犯中的危险判断原则，应当认为其已经着手放火行为，即行为产生了危害公共安全的紧迫性危险。但是这种由行为引起的发生侵害结果的具体危险，是否是我国《刑法》第 114 条放火罪所要求的"具体危险"，需要进一步研究。有观点认为："对于未遂犯的危险来说，存在以发生法益侵害为要件的侵害犯的未遂犯的危险与具体危险犯的危险是否相同的问题。如果从结论来说的话，相对于具体危险犯的以现实的、具体的事实为基础的危险来说，可以说未遂犯的危险更为抽象一些。"〔1〕本书认为，和未遂犯的危险相比，具体危险犯中的危险是一种更为具体化的类型性危险。以放火罪为例，放火行为必须达到一种足以"形成在时间上或空间上失去控制的燃烧状态"，才能将其认定为具有危害公共安全的具体危险。因此，上述案例中甲的行为尽管引起了紧迫的具体危险，可以认定为放火的着手，但这种危险并不符合成立放火罪中"具体危险"的要求，因而不成立我国《刑法》第 114 条的放火罪。

综上所述，未遂犯的危险和具体犯的危险不是同一种危险，具体危险犯仍可能存在未遂形态。

---

〔1〕［日］山口厚：《危险犯总论》，王充译，载何鹏、李洁主编：《危险犯与危险概念》，吉林大学出版社 2006 年版，第 8 页。

二、具体危险犯中的危险认定

尽管具体危险犯中的危险是一种比未遂犯的危险更为直接的、具体化、类型化的危险，但其本质上也是一种发生实害结果的具体危险，因此，其具体的认定方法和未遂犯的危险认定方法基本上没有太大差异。[1] 但是需要注意的一点是，由于刑法将具体危险犯规定为一种独立的犯罪类型，在具体的解释上对这种具体危险作出了更为严格的限制和要求，即具体危险犯的行为必须使实际存在的客体陷入具体的危险状态，所以客体不能的情形，一律不构成具体危险犯。如行为人误以为已经停止使用的电话线路是正在使用中的电信设施，其破坏行为无论如何也不构成破坏公用电信设施罪。

第三节　抽象危险犯中的危险及认定：以危险驾驶罪展开

一、抽象危险犯与形式犯、行为犯的区分

对于犯罪的划分，除了危险犯和实害犯的划分之外，历来还

[1] 关于具体危险的判断方法，前文已经展开详细论述，在此不再赘言。

有形式犯和实质犯、行为犯和结果犯的区分，每一种划分方法都有其理论意义和实践价值，某一犯罪依据不同标准，可能同时分属不同的分类概念所框定的范围。厘清抽象危险犯和形式犯、行为犯的区别，有助于准确理解抽象危险犯的本质。本书在此以危险驾驶罪为例，尝试解决上述问题。

（一）危险驾驶罪是实质犯

形式犯和实质犯的区分由来已久，其分类标准也争议颇多。大塚仁教授认为："只要求实施构成要件行为，而不要求对法益造成侵害或者威胁的犯罪，是形式犯；构成要件以对法益造成侵害或者威胁为内容的犯罪，是实质犯，其中以现实上对法益造成侵害为内容的犯罪称为侵害犯，仅要求有侵害法益的危险的犯罪为危险犯，危险犯又可以分为具体的危险犯与抽象的危险犯。"[1]但是大多数学者均倾向于形式犯对法益也有危险，只不过"这种危险是比抽象的危险犯中的危险更为轻度的间接的危险"。[2] 平野龙一教授认为，"形式犯对法益也具有危险性，只不过实质犯的被侵害的法益是比较特定的，而形式犯的被侵害法益是很不特定的"。[3] 因此，有学者据此认为所有符合构成

---

〔1〕［日］大塚仁：《刑法概说（总论）》（第3版），冯军译，中国人民大学出版社2003年版，第136～137页。

〔2〕［日］团藤重光：《刑法纲要总论》，创文社1990年版，第130页。

〔3〕［日］平野龙一：《刑法总论Ⅰ》，有斐阁1972年版，第118页。

要件的行为均在一定程度上对刑法保护的法益形成了一定侵害或者威胁,所有的犯罪均是实质犯,形式犯没有存在的余地。[1]

刑法的目的是保护法益,任何犯罪都是因为对法益形成了一定程度的侵害或者威胁,才被规定为犯罪,如果不以保护法益为目的,刑法便丧失了其正当化的根基。罗克辛曾经对法益作出了较为全面和正确的概括:法益是指"在以个人及其自由发展为目标进行建设的社会整体制度的范围内,有益于个人及其自由发展的,或者是有益于这个制度本身功能的一种现实或者目标设定"。[2] 从上述对法益概念的定义中,我们可以看出法益不仅是指位于法之前并为法所发现的"利益",而且,在一个以实现个人及其自由发展的社会整体制度内,法益可以体现为某些有助于实现这种制度功能的义务规范。在现代社会中,各国刑法都普遍规定了大量的单纯违反秩序的行为,因其在构成要件上均体现为对法律秩序的单纯违反,并且附随的法定刑较轻,部分学者进而认为此类犯罪即所谓的欠缺保护法益的形式犯。禁止停车本身就有这样的目的:"在避免街道堵塞的同时,

---

〔1〕 或者说,不能以有无法益侵害或者威胁作为犯罪分类的标准,因为所有犯罪都具有法益侵害(威胁)性。

〔2〕 [德]克劳斯·罗克辛:《德国刑法学总论》(第1卷),王世洲译,法律出版社1997年版,第15页。

保障自由的商业和交通，也就是说，它保护的是一种法益。”[1]换言之，刑法中并不存在欠缺法益保护的形式犯。即使有必要在学理上承认形式犯的概念，也应当将其边界限定为：单纯被禁止的行为能够还原到某种具体的法益保护上来。例如，生命、身体或者财产等，否则这种禁止性规定就会因为缺乏正当根据而成为国家强制的专横性规定。形式犯的立法例在国外比较常见，且一般以罚金作为惩罚手段，相当于我国的行政违法行为。危险驾驶罪无论是从刑罚后果还是其条文阐述来说，都属于实质犯，因此不能以形式犯的法理来界定其构成要件的内容。

（二）危险驾驶罪是行为犯

在刑法理论中，行为犯是与结果犯相对应的概念。合理划分行为犯与结果犯，首先取决于如何理解“结果”这一概念的内容。李斯特的法益论区别了保护客体和行为客体，前者是构成要件所预定的保护对象，后者是行为指向的对象。[2]“与行为客体和法益的区分相对应，也必须区别‘结果’和‘法益侵害结果’。”[3]因此，刑法中结果概念就应当包含以下两层含义：第

---

〔1〕［德］克劳斯·罗克辛：《德国刑法学总论》（第1卷），王世洲译，法律出版社1997年版，第16页。

〔2〕参见张明楷：《法益初论》，中国政法大学出版社2003年版，第12页。

〔3〕［日］高桥则夫：《共犯体系和共犯理论》，冯军、毛乃纯译，中国人民大学出版社2010年版，第153页。

一,是指对行为客体进行有形的事实作用的事实结果;第二,是指法益侵害或者法益侵害的危险。对结果的这种不同理解应当引起刑法理论的重视,亦即应当在“对行为客体产生的事实作用”和“对保护客体产生的法益侵害”之间进行严格区分,前者属于对外部世界的感知,后者属于需要联系刑法规范才能认识的规范性保护对象,这是正确理解行为犯和结果犯的理论前提。

根据上述对结果含义的第二种理解(结果是指行为对保护法益的侵害或者法益侵害的危险),有学者认为,“在结果成为所有犯罪的构成要件要素(构成要件结果)、不存在没有结果的犯罪这样的意义上,犯罪(包括被称为单纯行为犯的犯罪在内)全部都是结果犯,不存在不需要结果的犯罪意义上的单纯行为犯的观念”。[1] 亦即,如果从刑法所保护的法益的侵害或者危险这种意义上理解结果,则刑法规定的所有犯罪都应当是结果犯。但是,这样的话也就不存在和结果犯相对的行为犯的概念了。本书并不完全赞同取消行为犯这一概念,而上述观点的积极意义在于,不能从产生法益侵害或者法益侵害的危险的角度去理解和划分行为犯与结果犯,否则所有的犯罪当然都是结果犯。

法益侵害(或者侵害危险)是任何犯罪的构成要件结果,行

---

〔1〕 [日]山口厚:《刑法总论》(第2版),付立庆译,中国人民大学出版社2011年版,第44页。

为犯和结果犯的划分显然不应当建立在对结果的上述定义之上，而必须把结果理解为一种作为记述性构成要件要素的"事实性"结果。所以，只有站在对行为客体产生的事实性作用的角度来理解结果的含义，才能凸显区分行为犯和结果犯的理论价值。"根据构成要件，以结果发生为不必要，单纯仅以行为为要素的，这种犯罪被称为单纯行为犯。然而，对于大部分犯罪而言，除行为之外，以一定结果为构成要件要素的，这称为结果犯。"〔1〕具体而言，结果犯的构成要件需要一种在空间上和时间上与行为分离的"事实性"结果（包括侵害结果与危险结果），在结果犯的构成要件中，因果关系的判断具有重要意义。杀人罪是典型的结果犯，杀人行为（扣动手枪扳机）与结果（被害人死亡）不仅在时空上具有一定的间隔，而且两者之间的因果关系也具有相当重要的意义。行为犯的构成要件的满足与行为的结束共同发生，不会出现一个与行为分离的特定的"事实性"结果，在行为犯的构成要件中，因果关系的判断不再是重要的问题。例如，在非法侵入住宅罪中，非法侵入行为的结束即意味构成要件的满足，只需要对侵入行为本身进行判断，结果以及因果关系的审查不再发挥犯罪成立条件的作用。

我国刑法理论通常是在讨论犯罪既遂的标准时说明行为犯

---

〔1〕［日］团藤重光：《刑法纲要总论》，创文社1990年版，第114～115页。

和结果犯的区别。一般认为,行为犯是指以完成刑法规定的特定行为作为犯罪既遂的标志,而结果犯则是不仅要实施具体犯罪构成要件规定的行为,而且必须发生特定的结果才构成既遂的犯罪。可以看出,我国刑法理论通说对结果犯中结果的理解,所采的也是前文提到的第一种意义上的结果,即事实性结果。从判断既未遂的角度出发,危险驾驶行为一经实施,或者行为本身具备了一定的情节,[1]就能够确证行为所具有的侵害公共安全的抽象危险,犯罪行为即宣告既遂。因此,危险驾驶罪属于行为犯。

(三)危险驾驶罪是抽象的危险犯

如前所述,所有的犯罪都会侵害刑法保护的某种法益。以法益所受侵害之程度为标准,可以将犯罪区分为危险犯和实害犯。大陆法系国家刑法理论通说认为,以法益的现实侵害为内容的犯罪为实害犯,以法益侵害的危险为内容的犯罪为危险犯。危险犯还可以进一步分为具体的危险犯与抽象的危险犯。具体的危险犯和抽象的危险犯的分类标准并不一致,一般可以认为,抽象危险是一种行为本身的危险或者立法拟制的危险,[2]也就是说,立法者基于一般的生活经验,将某种类型性的危险行为规

---

〔1〕 这里的情节指的是行为本身所附随的情况,而非行为产生的结果。

〔2〕 参见张明楷:《刑法学》(第4版),法律出版社2011年版,第167页。

定为抽象的危险犯，即在立法上推定该行为具有一般的危险。在具体认定时，只需要依照法律认定行为人是否实施了一定的危险行为，而不再考察行为是否真实地实现了危险。根据《刑法修正案（八）》关于危险驾驶罪的条文表述以及较低的法定刑幅度，通说认为危险驾驶罪属于抽象的危险犯。

上述对犯罪分类理论标准的探讨表明，“行为犯—结果犯”“危险犯—实害犯”是以不同标准对犯罪进行的理论划分，刑法分则所规定的各罪完全有可能兼具不同标准下犯罪分类的法律属性，具体示例可参见表1。[1]

表1　部分犯罪分类

犯罪类型	行为犯	结果犯	实害犯	具体危险犯	抽象危险犯
危险驾驶罪	√				√
杀人罪		√	√		
非法侵入住宅罪	√		√		
放火罪[2]		√		√	
非法制造爆炸物罪		√			√

---

〔1〕根据相关司法解释，非法制造爆炸物罪必须以制造一定数量的爆炸物为法定构成要件要素，因此，本罪属于结果犯；非法制造爆炸物罪不以行为造成对生命健康财产等具体法益的现实危险为成立要件，因此，本罪亦属于抽象的危险犯。

〔2〕特指我国《刑法》第114条规定的放火罪。

危险驾驶罪的法律特征的厘清，要求司法人员在面对危险驾驶罪具体适用问题时，应当兼顾其各个面向的法律特征。例如，醉酒驾驶行为是否成立危险驾驶罪，不仅要判断行为人是否已经实施醉酒驾驶行为，还要确证这种行为是否具有危害不特定多数人的生命、健康和财产的抽象危险。

二、抽象危险犯中的危险认定

危险驾驶罪包括醉酒驾驶和飙车两种类型。对于飙车行为，刑法特别规定有“情节恶劣”作为其犯罪成立的限制性要件，但何为“情节恶劣”目前尚未出台统一的解释性标准，因此其具体内容主要是依靠法官的学理解释来完成的。本书认为，主要应当从飙车行为本身的附随性情节展开对“情节恶劣”的理解。理由在于，危险驾驶罪属于抽象的危险犯，只要行为具备产生危害公共安全的一般危险性，就可以确证抽象危险的存在，而这种抽象危险只需要通过行为本身的内容来体现，所以在解释“情节恶劣”的具体内容时，只需要司法人员对飙车行为本身的情节进行考虑，如竞驶过程中车辆的时速、车辆是否非法改装、是否属于无牌无证驾驶以及竞驶人的行为动机等因素，而不需要考虑飙车行为对周围行人、车辆等公共安全是否产生了现实的危险。[1] 换言之，对危险驾驶罪的实质判断，主要是判断行为本身是否具有危害公共安全的抽象危险，因此，何为行为本身的抽象危险，就是对危险驾驶罪进行实质判断的关键。

（一）抽象危险的含义

理解抽象危险，首先应当了解“危险”一词语言学意义。人们一般从两种意义上使用“危险”。一是某一现实客体处在一种可能遭受侵害的事实状态，即危险状态。二是指某主体、某行为或某物本身的属性，即危险性。如《战国策·齐策》有云：“能危山东者，强秦也”，这里表达的就是一种危险状态，指齐国陷入了一种可能遭受秦国入侵的事实状态，齐国是这种危险状态中的客体；《论语·泰伯篇》有云：“危邦不入，乱邦不居”，表达就是一种危险性。也可以说，刑法中的具体危险指的是危险状态，抽象危险指的是某物或某行为本身的危险性。危险性是事物本身的一种属性，就像“可燃性”“毒性”等概念是对现实当中

---

〔1〕 追逐竞驶中的情节恶劣主要表现为竞驶的速度，即并非只要有互相追赶的行为就构成危险驾驶罪，还需要互相追赶的行为本身具有危害公共安全的危险性，如果行为本身不具备危害公共安全的抽象危险，即使在互相追赶的过程中造成了侵害公共安全的具体危险，也不构成危险驾驶罪。这也表明，抽象危险和具体危险的区别并非程度上的量的差异，而是两种不同质的危险。抽象危险是指行为的危险性，是一个思维性的概念；具体危险是指向具体对象的事实状态。抽象危险不是发生侵害结果的轻度的、间接的事实状态，即使发生了具体危险，也不能就此推定行为本身具有抽象危险。

的对应物如汽油可以燃烧、砒霜能够致人死亡这种现象所作出的思维层面的概括一样，即使现实生活中有个别体质特异者在食用砒霜后安然无恙，也不能据此得出砒霜没有"毒性"这一判断。同样，立法者从大量的醉酒驾驶行为导致的交通事故这一现象中概括出醉酒驾驶行为在通常情况下有导致重大交通事故的高度风险，也就是醉酒驾驶行为本身具有危害公共安全的危险性，这种行为危险性的判断属于抽象思维层面的一般性判断，在进行这种抽象的一般性判断时，不需要考虑行为对现实的客体造成了何种危险状态或者结果，只需要对行为本身是否符合刑法规定的醉酒驾驶行为类型进行实质判断即可，现实行为只要符合刑法规定的醉酒驾驶行为，那该行为就有侵害公共安全的危险。由于上述的整个判断过程具有抽象性，即是否"危险"并不是就行为指向的现实客体而言，因此刑法理论称此类"危险"为抽象危险，其本质相当于行为内含的固有属性，即危险性。

（二）抽象危险的司法判断

危险驾驶罪的司法适用过程中，争议最多的是醉酒驾驶行为的入罪问题，即醉酒驾车行为是否一律构成危险驾驶罪。上文已经以危险性这一概念阐释了何为抽象危险，即抽象危险源于行为本身所固有的内在属性。判断行为是否具有抽象危险，不需要针对行为是否造成现实危险状态进行具体判断，但是对于行为本身是否属于抽象危险犯设定的行为类型，行为是否具有抽象危险，仍然需要司法人员进行实质性的判断。在醉酒驾驶行为是否构成危险驾驶罪的判断过程中，司法人员需要注意以下两个问题：

一是不能以醉酒驾驶行为没有造成任何现实危险状态为由，否定犯罪的成立。例如，深夜在无人的荒野公路上醉酒驾驶的行为，即使事后查明该路段在特定时段没有车辆和行人出现的可能性，也只是说明醉酒驾驶行为没有导致公共安全的具体危险，并不能否定醉酒驾驶行为的危险性。如前所述，这种危险性的判断是在抽象的思维层面对行为导致结果发生的可能性作出的一般（通常性）判断，和醉酒驾驶行为在现实中是否会导致具体的危险状态无关。换言之，即使醉酒驾驶行为在事后看来不可能危害公共安全，也不能以此否定醉酒驾驶行为的抽象危险。由此，我们也可以看出危险驾驶罪之所以采取抽象危险犯的立法模式，其立法目的在于，在坚持侵害原则的同时，通过对“酒后开车”这种行为的绝对禁忌，养成国民的规范意识，在行为的早期阶段实现刑法保护法益的任务。

二是在特别情况下，应当对醉酒驾驶行为本身是否具有危险性，进行实质性的判断。例如，行为人为了给停车场周围的车辆让出车道，在醉酒状态下倒车的行为，该行为虽然形式上也属于醉酒驾驶，但是这种短暂的、特定范围内的驾驶行为只能对停车周围的车辆及特定的人构成威胁，而危险驾驶罪保护的是不特定或多数人的生命财产这一公共安全法益，只有能够对公共安全形成威胁的驾驶行为才是危险驾驶罪所禁止的行为，酒后倒车的行为不具有危害公共安全的属性，当然不构成危险驾驶罪。

附录

危险判断中的主观要素*

如前所述，抽象危险的判断应当以行为人的认识内容或者一般人可能认识到的内容为判断对象，这种危险的判断构造充分表明了在抽象危险判断中行为人主观要素的重要性。但是在具体危险这种更加客观化的危险判断中，是否有必要以及在多大程度上考虑行为人的主观性要素呢？欲解答此问题，必须结合主观违法要素理论（主观构成要件要素理论）展开。

在大陆法系刑法理论中，“违法是客观的，责任是主观的”被结果无价值论者奉为圭臬，不法的本质在于行为引起的法益侵害或危险状态，亦即引起具体危险是成立不法的必要条件，它在原则上与行为人的主观要素无关。但是，“离开行为人的主

* 本部分内容系笔者在写作本书之前的思考成果，尽管其中部分观点已有改观，但仍将其附于文末，作为笔者关于危险理论思考轨迹的一个记录。

观要素就无法判断违法性”,是客观违法论[1]自诞生之初就无法回避的实践难题。例如,朝他人站立的方向开枪却没有造成任何损害结果的行为,究竟构成杀人罪未遂的不法、故意伤害罪未遂的不法抑或根本不成立不法(意图射击旁边草丛中的猎物),离开行为人的主观要素将使对该行为的不法判断无从下手。又如,抛开“非法占有目的”,就无法判断取走他人财物的行为是否成立盗窃罪的不法(有可能属于不可罚的盗用行为)。在结果无价值论的立场上,在判断具体危险的过程中,如何化解上述情形中行为人的主观要素与客观违法论的紧张与冲突,如何在违法性判断中建构融合主观要素的标准,是主观违法要素理论的核心问题。

一、构成要件理论的滥觞

主观违法要素理论原本属于违法性领域的争论,但鉴于构成要件符合性和违法性在体系上的紧密联系,理论上一般认为主观违法要素的提出和构成要件的理论嬗变密不可分,探究构成要件理论“语言上的历史沿革和学说史意义上的发展轨迹”,对于主观违法要素理论的研究同样具有方法论的指导意义。[2]

---

〔1〕 古典的客观违法性论即纯粹的结果无价值论。

〔2〕 参见付立庆:《主观违法要素理论——以目的犯为中心的展开》,中国人民大学出版社2008年版,第6页。

因此，对于本书将要探讨的主观违法要素理论，构成要件理论的发展简史是必不可少的“药引”。

（一）构成要件概念由诉讼向实体的转变

根据德国学者布伦斯年和哈尔的研究，“构成要件”一词最早来自“Corpus delicti”一词，[1]“Corpus delicti”作为诉讼法意义上的概念，“它的意义主要是用于证明客观犯罪事实的存在，强调如果没有严格按照证据法则得来的确证，就不得进行特殊纠问（包括拷问）的原则，从而达到限制官衙主义的目的。”[2]德国学者克莱因最早将“Corpus delicti”译成德语“Tatbestand”，但在克莱因那里，“Tatbestand”仍然不过是证据法上的纯客观的、外部的诉讼法的概念，包括犯罪引起的结果以及引起此结果的任意的行动。克服“Tatbestand”一词所具有的强烈的诉讼法意义，进而着力将其转化为实体法意义上的概念的是斯求贝尔。

---

〔1〕 而在“Corpus delicti”这一概念之前，还有一个概念叫作“Constare de delicti”（犯罪的确证），而这一个概念则要追溯到意大利中世纪的纠问制诉讼。意大利中世纪的纠问程序可以分为一般纠问和特殊纠问。在纠问过程中，首先必须调查是否有犯罪存在（一般纠问），在得到存在犯罪的“Constare de delicti”之后，方可对特定的嫌疑者进行特殊纠问。1581 年意大利刑法学家法利那休斯从“Constare de delicti”一词中引申出“Corpus delicti”一词，作为“指示已被证明的犯罪事实的东西来使用”。

〔2〕 ［日］小野清一郎：《犯罪构成要件理论》，王泰译，中国人民公安大学出版社 2004 年版，第 3 页。

斯求贝尔是19世纪初期的主观主义、特殊预防主义者。他认为,犯罪的实质是主观上的犯罪意志的表现,犯罪结果不属于"Tatbestand"之内。与此相反,与斯求贝尔处于同一时期的费尔巴哈则是从一般预防主义和客观主义的立场出发,主张犯罪的结果属于构成要件。[1] 自斯求贝尔以及费尔巴哈以后,"构成要件"被理解为刑罚的前提条件,"Tatbestand"这一词语才逐渐带有实体法上的意味。"然而为什么从来作为诉讼法上的概念的'构成要件'提升到了实体法上呢?其缘由是政治的,应归诸法治国的国家观,也就是针对法官的恣意的危险,出于对个人的权利、自由的保护之考虑出发的产物。"[2]但是,可以说在整个19世纪的刑法学中,还没有产生真正意义上的我们今天所讨论的构成要件理论,在贝林—李斯特的古典犯罪论体系之前,人们大多把犯罪定义为"具有违法性和有责性的、使用刑罚威胁的行为",我们今天所说的"构成要件符合性"在当时实际上湮没于"使用刑罚威胁的行为"这一表述中而不具有明确性,因为"它无法说明一个行为必须具有什么样的特征,才应当使用刑

---

[1] 根据斯求贝尔的观点,构成要件就是那些应当判处法律所规定的刑法的一切情况的总和,这一概念是从刑罚出发,把构成要件作为判处刑罚的条件来确定的。

[2] [日]下村康正:《贝林的构成要件论》,载《刑法杂志》第3卷第3号。转引自付立庆:《主观违法要素理论》,中国人民大学出版社2008年版,第9页。

罚加以威胁”。[1]

（二）贝林的构成要件理论及古典犯罪论体系的确立

在贝林的构成要件理论之前，尽管像行为、构成要件、违法性、责任这样一些评价犯罪要素的概念早已产生，但这些成立犯罪所必须具备的要素却因为没有体系上的“住所”而“四处游荡”，并且“常常成为理论思辨中的过渡物混淆在理论中，而缺乏可以理性把握的内在联系与逻辑”。[2] 究其原因有二：第一，构成要件理论在当时还未获得犯罪论体系上的独立地位。贝林的犯罪论体系的最大特征就在于构成要件该当性被视为犯罪概念的独立阶层。在20世纪初期之前，犯罪被认为是值得科处刑罚的违法且有责的行为，而贝林站在个人本位主义的刑法立场之上，以实现罪刑法定原则的要求和保障人权为目标，第一次明确地提出构成要件该当性是犯罪成立的条件之一，无构成要件则无犯罪，由此将罪刑法定的理念和刑法评价技术相结合，可以说贝林的这一理论初衷对其以后的刑法理论发展有着巨大而深远的影响。第二，当时的学者还没有认识到客观违法性在犯罪论体系中的独立作用。直到1867年耶林发表了《罗马私法中的

[1] [德]克劳斯·罗克辛：《德国刑法学总论》（第1卷），王世洲译，法律出版社2005年版，第181页。

[2] 李海东：《刑法原理入门（犯罪论基础）》，法律出版社1998年版，第19页。

责任要素》一文，明确指出了“客观的违法性和主观的违法性”的概念，并且认为产生责任在有的情况下是可以与具有法律后果的法益侵害没有关系的，也就是说，违法和责任是两个可以分离的概念。“耶林在罗马法于民法研究中发现并论证的客观违法性理论，对刑法理论的这一根本性认识飞跃起到了决定性的作用。正是在这个基础上，李—宾—贝氏[1]的犯罪论体系澄清了这些要素之间的理论与逻辑联系，并根据它们的内在联系建立了规范科学体系。这一体系无论在刑法理论上抑或对司法实践都具有着根本性的指导意义，从而建立了现代刑法学中的犯罪理论。”[2]

二、主观违法要素理论对构成要件理论的冲击

贝林在其《犯罪论》中主张一种“抽象的、特别的、客观的构成要件”，构成要件被理解为仅仅是包含一种“客观记述性的结果，而不包含规范的、主观的要素”。[3] 在贝林那里，构成要件具有客观性和无价值性两个基本特征。客观性指的是所有主观的、内心的要素均不属于构成要件的范畴，而是责任的内容，而规范的要素也不是构成要件的内容，而应留待违法性阶层解决，

〔1〕 即古典犯罪论体系，学者多称为贝林—李斯特体系。

〔2〕 李海东：《刑法原理入门（犯罪论基础）》，法律出版社1998年版，第20页。

〔3〕 [德]恩施特·贝林：《构成要件理论》，王安异译，中国人民公安大学出版社2006年版，第1～12页。

构成要件是和违法性、有责性并列的、纯粹的、价值中立的犯罪类型，是一个纯粹的评价客体。[1] 贝林所提倡的客观的无价值的构成要件论，可以说从其诞生起就遭受质疑而变得动摇起来，而以后的构成要件理论的发展从某种角度看就是一部修正贝林的构成要件论的理论史。而这一理论修正史的突破口之一就是主观违法要素的发现。[2]

（一）主观违法要素的发现

贝林的构成要件理论所确立起来的“一切客观要素均归于不法，一切主观要素均归于责任”的原则很快受到了动摇。人们发现，在许多案件中，不仅仅是罪责，而且包括不法在内，都取决于行为人的主观的、内在的心理要素，在理论上承认主观的不法要素已经是不争的事实。最先发现主观的违法要素的是德国民法学者费舍尔。费舍尔从民法领域对各种制度进行考虑，认

〔1〕 贝林的客观无价值的构成要件理论的思想基础源自宾丁“将构成要件与规范在理论上严格加以区别”的思想，而1872年联邦德国《刑法》第59条“不知道存在属于法定的构成要件的事实或者是法定的加重刑罚的事实时，该事实即不能归责于行为人”的规定，则是其实证法上的主要论据。

〔2〕 另一个挑战来自规范性构成要件要素的提出，主观违法要素针对的是构成要件的纯客观性的论断的质疑，而规范的构成要件要素针对的是构成要件无价值性论断的质疑。贝林的构成要件论自此受到了全面的挑战和颠覆。但是以其为代表的古典犯罪论体系所提出的犯罪阶层模式——区分违法和责任阶层并依照构成要件该当性—违法性—有责性的逻辑顺序对犯罪逐层扫描——却被后来的学者继承下来，成为光照整个刑法理论史的遗产。

为行为者的主观目的对于行为的适法还是违法具有极为重要的意义。[1] 随后纳格勒也认为,盗窃罪中的非法占有目的,能够决定行为的法益侵害性,但不属于责任要素。黑格勒认为,在犯罪要素之中,违法原则上由客观的要素体现,责任原则上由主观的要素来体现,但同时又提出原则和例外的范畴,即有原则就有例外,黑格勒将这种例外的体现违法性的主观要素称为"超过的内心倾向",指出目的犯的目的就具有"超过的内心倾向"的性质,并以德国刑法上的盗窃罪、诈骗罪为例,认为这些犯罪的目的因为能够决定行为的法益侵害性的有无,所以不属于责任要素,而是违法要素。迈耶也提出将客观上没有与之相对应的主观要素纳入违法要素的范围,从而建立起主观的违法要素这一概念。"作为主观的要素的'不法占有目的'本来客观上不应该属于构成要件,而属于主观的违法要素。"[2] 而真正第一次明确、系统地提出主观违法要素理论的学者当属麦兹格,在其

---

[1] 费舍尔具体从两个角度展开了自己的论述。第一,根据德国《民法》第 266 条的内容,"某种权利的行使仅在其具有加之于他人的损害的目的时,始为不许",也就是说原本某种法律允许的行为因为具有非法的目的而成为违法行为。第二,违反良俗的行为。在他看来客观违法和主观违法,在某些情况下是可以分离的,但在一些情况下是不可分的。在不可分的场合,原则上法所承认或放任的行为,由于行为人的值得非难的行为意向而成为违法。参见付立庆:《主观违法要素理论——以目的犯为中心的展开》,中国人民大学出版社 2008 年版,第 24 页。

[2] 参见付立庆:《主观违法要素理论——以目的犯为中心的展开》,中国人民大学出版社 2008 年版,第 37 页。

1924年撰写的《主观的不法要素》一文中，麦兹格从违法是指对法益的侵害或者威胁（法益侵害的危险）出发，对贝林的构成要件论进行了颠覆性的变革。麦兹格认为，构成要件是从众多的行为中，将值得作为犯罪给予特别处罚的类型性的法益侵害或者威胁，以法的形式规定下来的东西。从此意义上说，构成要件是违法行为的类型，是违法性存在的根据。这一学说从实质、价值性上理解构成要件，认为在构成要件的判断中，必须考虑实质的违法性。因此，只要是作为违法性基础的事实，主观的要素也好，规范的要素也好，都包含在构成要件之内。[1] 麦兹格的研究使主观的违法要素的问题真正开始在刑法学界受到瞩目，主观违法要素的观念自此逐渐为人们所接受，并且在第二次世界大战前已经成为通说。

（二）主观的构成要件要素

主观违法要素的争论，不仅对贝林建立的客观中性的构成要件理论提出了挑战，而且给客观违法性理论带来了冲击，因此主观违法要素的问题不仅是体系性的，而且具有重要的实体意义，可以说主观违法要素理论从一开始就和现代刑法体系的演化以及违法性理论的发展相生相伴。主观违法要素的问题在此

---

〔1〕 张明楷编著：《外国刑法纲要》（第2版），清华大学出版社2007年版，第75页。

可以分为两个：一是是否存在可以决定违法性判断的主观要素，其范围如何确定；二是构成要件中是否包含主观性要素。由主观违法要素理论所衍生的上述两个问题，其实分别与违法性理论以及构成要件理论相关，两者之间并非具有必然的联系。换言之，承认主观构成要件要素的学者不一定认可主观违法要素理论，反之亦然。下面先回答第一个问题。

对构成要件的不同理解会影响学者对待主观违法要素的态度。把构成要件理解为违法、有责类型的学者会在主观的构成要件要素下区分主观违法要素和主观责任要素。例如，客观违法论的旗帜型学者小野清一郎就从构成要件是违法有责的行为类型出发，认为故意、过失在对于构成要件的定型化的作用方面是构成要件要素，但同时也是作为责任类型的构成要件要素，只有表现犯属于主观违法要素，前田雅英也持类似看法。当然大多数持违法有责行为类型说的学者（如团藤重光、大塚仁、大谷实）对主观违法要素持全面肯定的态度，即主观违法要素不仅包括目的犯、表现犯、倾向犯等特殊的主观要素，还包括故意、过失等一般的主观要素，这些既是主观的构成要件要素，也是主观的违法要素。而将构成要件理解为违法行为类型的学者（如中山研一、内藤谦），则会全面否定主观的违法要素，将其归入责任要素。

三、解题:主观违法要素的含义及范围

是否承认主观的构成要件要素,一方面,取决于对构成要件的理解;另一方面,则受制于对违法性的理解,如果在违法性领域承认主观违法要素,则自然会相应地承认主观的构成要件要素。由此,如何理解违法性的实质,客观违法论如何化解主观违法要素的挑战,是主观违法要素理论中更具实质意义的问题。

(一)主观违法性论与客观违法性论

主观违法要素对客观违法性论的寻衅,源于主观违法性论和客观违法性论的对立。主观违法性论又称为"命令说",该说认为,违法的实质不在于法益侵害而在于规范侵害。德国学者默克尔于1867年正式提出了主观违法性论,"法律是以具有归责能力之人为对象的要求与禁止的集合,故不法是具有责任能力之人对于法律上的要求和禁止的违反;自然事件和所有不能归责于引起者行为的结果,都无法成立不法"。[1] 主观违法性论将法规范理解为意思决定规范,或者是义务性规范,因此只有能够理解规范的人才能感受到法秩序中的意志,违法的实质只能在违反规范的人的意思中探求违法性的实体意义。无责任能

---

〔1〕 陈旋:《德国刑法中结果无价值与行为无价值的流变、现状与趋势》,载《中外法学》2011年第2期。

力人或者动物、自然现象都不能遵照规范的要求而行为，当然无所谓违法。在主观违法性论看来，违法和责任只能一体判断，不存在“无责任的违法”。

客观违法性论则认为，在法律作为意思决定规范发挥作用之前，首先是作为“评价规范”发挥作用。刑法规范通过“刑罚预告，对人们的行为予以心理控制，在此意义上，刑法规范是‘不得作’、‘应作’这样一种禁止命令、规范”，但是“这种规范不是无目的的存在着，刑法在‘禁止、命令什么’之前，必须先决定要‘保护什么’，这就是刑法作为评价规范而发挥的机能”。[1] 正如梅兹格尔所说：“不法……是对法律所允许之状态的改变，以及对法律上不被允许之状态的引起，而不是对某一状态进行法律上不被允许的改变。”梅兹格尔的这段话后来被广为引用，并且成为当时的客观违法性论的经典注脚，在这段话中，“法律所允许之状态的改变或者不被允许之状态的引起”注重的是刑法作为评价规范的机能，而是否属于“法律上不被允许的改变”注重的是刑法作为决定规范的机能，前者属于不法，后者属于责任。

由于存在理论根基性的错误，以及明确区分违法和责任的犯罪论体系的确立，主观违法性论在现在的刑法理论中已经被

[1] [日]西田典之：《日本刑法总论》，刘明祥、王昭武译，中国人民大学出版社2007年版，第97页。

完全摒弃。“法规范作为保全客观生活秩序的手段，是客观存在的，因此，从结论上看，承认存在没有责任的违法，即，即便是没有责能力人的行为也具有违法性的‘客观违法论’是妥当的。”[1]确立区分违法和有责的根基性原则，是现代刑法体系发展到今天在刑法释义学上所取得的最重要的成就而“无法再走回头路”。尽管主观违法性论已经偃旗息鼓，但主观性要素作为影响违法性判断的要素却是一个无法回避的事实，如何在客观违法性论内部建构融解主观性要素的理论标准，从而避免刑法理论“走回头路”的危险，是客观违法性论必须直面解决的问题。

（二）行为无价值论视野下的主观违法要素及批判

众所周知，当前的客观违法论内部存在行为无价值论和结果无价值论的基本对立，基于对违法性的不同理解，在对待主观违法要素的问题上，客观违法性论内部因此也展现出不同的态度。

行为无价值论者一般都立足于规范违反说理解违法性的实质，违法是指对规范的侵害，因此在违法性的判断中，行为无价值论对主观违法要素予以全面地承认。“根据规范的一般预防

---

〔1〕［日］曾根威彦：《刑法学基础》，黎宏译，法律出版社2005年版，第98页。

论的立场,直接指向法益侵害的故意行为,与并非这种行为相比,必须被更强有力地禁止。禁止故意犯的规范与禁止过失犯的规范不同,前者的规范违反值得进行更重的违法评价。故意行为与过失行为都是违法行为,但并不是在违法层次上不加以区别,故意是为更重的违法评价奠定基础的违法要素。"[1]换言之,行为无价值论者认为,在"规范违反的程度"这一意义上,不仅特殊的主观要素(目的犯的目的、倾向犯中的倾向、表现犯中的内心表现)影响违法性的判断,故意、过失等一般的主观性要素在成为责任要素之前,也应当承认它们属于主观的违法性要素。

本书反对上述行为无价值论的观点,理由在于:

1. 不法是行为所引起的法益侵害或者危险,注重行为不法和结果不法在不法结构中的协力,是不法理论中不可违背的发展趋势。当今的结果无价值论和行为无价值论在具体的结论上或者仍有分歧,但是对于上述这种基本二元不法结构应当达成共识,而在事实也的确如此。行为无价值论认为,法规范只以人的行为为对象,而不仅仅是对法所不允许的状态的单纯反对,法规范的意思决定机能和评价机能在违法阶层以及责任阶层,都双重地发挥作用,这一点无可厚非。不法评价以人的行为为对

[1] [日]井田良:《刑法总论的理论构造》,成文堂2005年版,第72页。

象,而连接行为人和行为的唯一媒介就是行为“目的”。在不法评价中,这种目的要素被赋予了客观意义,是一种具有法律上重要意义的“客观性目的”。故意和过失要素是“客观性目的”的内容,其作用是用来确定行为确实是行为人自己的行为而非意外事件,仅此而已。[1] 故意、过失要素在不法判断中并没有产生除此之外的任何影响。至于行为所产生的具体危险乃至实害结果,更不会因为故意或者过失而产生任何影响。在不法的评价上,如果认为故意犯应当比过失犯获得更重的违法评价,则违法和责任的判断都将蜕变成对实施规范违反行为人的非难和谴责,这和主观违法性论就只有“一纸之隔”了。

2. 行为决意是危险判断的要素因而属于违法要素(在未遂犯和目的犯中,行为决意即既遂意志和目的),但行为决意不等同于故意。在日本刑法学中极具影响力的行为无价值论者团藤重光教授认为,“设想以杀人的意图扣动扳机,但是子弹走偏以致未遂。在这种场合,从纯粹的客观的角度看来,虽然瞄准但是走偏则不存在命中对方的可能性从而也没有对保护法益侵害的可能性,但是正是行为者瞄准了对方射击这样的主观要素的存在,使社会感受到了这一行为的危险也就是对保护法益侵害的可能性。也就是说,只有将这样的行为进行主观、客观融为一体

[1] 抽象危险的判断是就行为本身的危险性展开的判断,因此必定以行为人的认识或可能认识的内容为判断对象。

的考察时，方才得以肯定行为的违法性。”[1]但是，团藤所举出的这一事例，其中的“故意”其实并不是犯罪故意，而是未遂犯中行为人的既遂意志，更确切地说应该是行为意志，这种行为意志和犯罪故意的区别应当是相当明显的。例如，行为人甲以为蹲在草丛中的乙是野兽而射击，只要行为人具有射杀目标物的行为意志，即使无法预见到其瞄准的猎物是人，但谁也不能否认甲的行为对乙的生命法益产生了紧迫危险。行为无价值论者正是有意或无意地忽略了“故意”和“行为意志”两者之间的区别，并以此来说明一般的故意、过失要素是主观违法要素，其理论说服力显然是不够的。

3. 从具体的各罪解释上考察，行为人的内心倾向以及内心表现也不是违法性要素。倾向犯是指行为必须表现出行为人的特定内心倾向的犯罪，只有当这种内心倾向被发现时，才能认为其行为具有违法性。倾向犯的典型适例是猥亵罪，即只有当行为表现出行为人具有刺激或者满足性欲的内心倾向时，该行为才符合猥亵罪的构成要件，才具有违法性。如果仅仅是实施外观上的猥亵行为而不具有刺激或满足性欲这种内心倾向时，则不符合猥亵罪的构成要件。但是，猥亵罪的保护法益是被害人性的羞耻心，而行为人是否出于刺激或满足性欲并不影响猥亵

---

〔1〕 [日]团藤重光：《刑法纲要总论》(第3版)，有斐阁2000年版，第135页。

行为是否侵害了这种法益，即使行为人是出于报复心理实施的猥亵行为，同样有可能侵害被保护的法益而构成犯罪。表现犯是指行为表现出行为人内心的、精神的经过或状态的犯罪。如果不将外部事情与行为人的精神经过或状态进行比较，就不能正确判断其违法性与构成要件符合性。表现犯的典型适例是伪证罪。伪证罪中的"虚假证明"，是指行为人违反内心确信所作的证明（主观说），因此，行为人的证言不符合其记忆时，便成立伪证罪。但是，只有当证人所作的证言在客观上不符合事实时，才有刑法禁止的必要，对于行为人单纯违反内心确信而作出的符合客观事实的证言，没有必要给予刑罚处罚（客观说）。

（三）具体危险判断中的主观违法要素

1. 在注重法益侵害及危险的结果无价值论视野下，主观违法要素的范围包括未遂犯的既遂意志（行为决意），以及目的犯中的目的。违法性的实质是指行为对法益的侵害或者危险，有无法益侵害或者具体危险原本只需客观地把握即可，原则上和行为人的意思无关，因此基本上可以不承认主观性违法要素。但是，当违法性体现为侵害法益的具体危险时，其评价的对象就不仅仅限于行为客观的、外部的要素。在行为人没有完整地实施刑法规定的客观行为的场合，行为人内心的行为意志则会例外地成为违法判断的要素。具体而言，行为意志能够通过"指导和决定行为走向”这一点，对行为有无法益侵害的具体危险及其程度施加影响，从而在具体危险的判断中作为违法要素予以认可。

例如，杀人者举刀在人前挥舞，和仅仅是以开玩笑的心态举刀吓唬别人，两者的行为若由于意志以外的原因仅止于此，则从行为外部观察不出有任何不同，这种情况下若要判断行为人是否属于杀人的未遂，则必须考察行为人的行为意志。以杀人的意思在人前挥舞利刃，由于其受到追求杀害结果的意志支配，杀人行为在没有意外状况的出现时会直接的无阻碍的实施下去，处于被保护地位的生命法益处于极度危险的状态。而不具有杀人意志的人再怎么挥舞利刃，也不会将其砍下。虽然两种情况均没有发生死亡的结果，但无疑前者对于法益的危险更大，这种由客观上未完全展开的行为加上行为决意就真正构成了未遂犯的处罚根据——对法益的现实的紧迫的危险。和未遂犯中的既遂意志具有同样意义的是目的犯中的目的。以伪造货币罪为例，如果不具有使用的目的，则伪造行为本身就不具有侵害货币公共信用的紧迫危险或者只是具有抽象的危险，可以认为伪造货币的行为对于伪造货币并使用的行为来说，属于未完全展开的“未遂”状态，而行使的目的则相当于“既遂意志”，从这种角度来观察伪造货币罪，可以看到和未遂犯相类似的构造。因此，也有学者把目的犯和未遂犯在相同意义上进行理解，认为目的犯的目的和未遂犯的既遂意志一样，能够影响法益侵害危险的有无及程度，是应当承认的主观违法要素。

2. 质疑及反驳。质疑之一："在未遂的场合影响违法性的作为主观的超过要素的故意，何以在犯罪既遂的一瞬间，此种故意就忽然变质，由主观的构成要件要素转化为单纯的责任要素？这是不自然的。"〔1〕然而，在本书看来，这恰好是最自然不过的事情。犯罪未遂和犯罪既遂的处罚根据并不一样。在既遂的场合，违法性体现为行为的实害，违法性的判断完全可以根据客观上已经完全展开的行为及其所产生的结果作为判断的基础，而行为人的内心要素留待责任阶层考虑也是没有问题的。在未遂的场合，违法性体现为行为对保护法益的紧迫危险，而正如前文已经论述的那样，此时作为超过客观要素的既遂意志在危险的判断中是必不可少的，既遂意志是作为判断危险的一个要素而存在的，而危险是对未产生法定结果的行为产生实害结果的可能性的客观、具体估量，是未遂犯领域的独特要件，在产生了法定结果的既遂场合，再考虑行为发生法定结果的可能性，不仅没有必要，而且在逻辑上也是矛盾的。因此，上述质疑是可以消除的。质疑之二：以行为意志作为危险判断的要素，如何保持违法判断（危险判断）的客观性。行为意志并不能完全地决定行为

〔1〕［日］前田雅英：《刑法总论讲义》（第3版），东京大学出版社1998年版，第63页。

的危险性，而只是通过控制行为的走向从而影响行为侵害法益的可能性，如果行为人从一开始就误认为其购买的保健药是毒药，则无论其杀人的行为意志多么强烈，也不可能引起杀人的危险。尽管危险判断中加入了主观性的要素，但对于危险的有无及程度仍然可以从客观的角度展开判断。

四、结语

违法性和有责性的区分标准，在于前者是对行为人实施的行为和结果作出的法律上无价值的评价，后者是针对违法行为（不法）的非难和谴责。古典的客观违法论将违法和责任的区分标准着眼于其评价对象的不同，在这一意义上，主观违法要素理论的提出的确颠覆了以往人们对“违法是客观的，责任是主观的”这一古典原则的理解，或者也可以说，正是主观违法要素的发现和承认，使人们重新去审视和发现“违法是客观的，责任是主观的”这一原则的真正含义。违法和责任的区分并不依赖于犯罪行为事实上的主客观区分，而是依据人们在构建这样一对评价范畴时所蕴含在其中的目的，即评价的目的决定评价的标准和评价的对象。刑法的任务是保护法益，以保护法益为目的建构违法性的概念，就要求一切侵害法益、威胁法益的行为都应当成为刑法禁止的对象。而当我们确认了对侵害法益的具体危险也是违法的内容之一时，这种“危险”的判断就不仅仅是单纯依靠行为的客观外部情状可以完成的。作为主观要素的行为意志,通过控制和影响行为的发展方向,并最终通过行为的外部情状体现为产生法定结果的现实可能性,是具体危险的判断中必须关注的主观性要素。换言之,在必须通过主观要素为客观行为的违法性“着色”的场合,应当承认主观违法要素。所以,从法益侵害及危险角度来重新理解违法性,“违法是客观的,责任是主观的”这一经典标语仍然是可以维持的,违法和责任的区分依然是明确的,而且其作为近代刑法理论体系的基石这一点是不能被否认的。

后　记

可能与现实之间,包含了人们太多的想象力。危险概念在理论上的巨大包容性,尽皆于此。从条件理论、相当理论到行为归责,从不法一元论与不法二元论之争,直至对整个法学理论都具有根基性的方法一元论和方法二元论,都是探讨危险概念所无法回避的命题。而现代刑法的发展潮流却无视危险理论的深渊,并展现了一种义无反顾的态度。危险犯条文的大量引入,使危险概念跳脱了未遂犯理论的传统领域,危险行为进而成为刑法中一种以危险为核心要素的独立的行为类型。罗克辛曾言:"危险犯的条文在大量增加,而对于危险的理论研究却刚刚开始。"由于各种原因,本书对刑法危险理论的研究,只能算是一个阶段性成果。许多待解决的问题终究无法在本书中毕其功于一役,其中既有笔者学术功力火候未到等客观原因,也有个人懈怠等主观原因。

由于主题聚焦于行为的危险，因此本书关于人身危险性的讨论并没有着墨太多，相关讨论也缺乏深度和广度。但这绝非表明笔者无视人身危险概念在现代刑法中所具有的重要地位。恰恰相反，人身危险性在刑罚论中越来越显现其超越时代局限的理论价值。笔者对刑法经常会有一种天马行空的想象：人类终归一天会建构一部没有刑罚、没有惩罚的刑法，那也将是刑法终结的时代。其实这种观念早在刑事社会学派那里就已经提出，《菲利刑法草案》就是其典型代表。在当时的时代背景下那种激进的、“不合时宜”的思想，在今天看来却具有了某种预言色彩，也许正昭示了未来刑法的发展趋势。

刑法中的危险指的是行为的危险，因此首先需要解决的问题是何为行为人自己的行为。这也是归责理论要解决的核心问题。通过行为的主观面，还是行为的客观面进行归责，是归责理论的探讨中持续了近两百年的迷思。本书得出的初步结论是：行为的主观面是决定行为是行为人自己的行为的唯一要素，是结果归责的前提。因此，行为的危险首先是指行为本身的危险，也就是对“由主观面决定的、行为人自己的”行为的危险性展开抽象判断；其次是针对具有危险性之行为在客观上是否实际产生了现实危险展开具体判断。前者被称为行为的抽象危险，后者被称为行为的具体危险。

不具有抽象危险的行为,是不能被客观归责的行为。具有抽象危险的行为,如果没有客观化为具体危险或结果,也是不能被客观归责的行为。这既体现了客观归责的基本规则:行为制造不被容许的危险及实现不被容许的危险,也是被普遍接受的不法二元论的基本内容:不法由行为不法和结果不法共同决定。

在上述危险概念的探究中,本书以客观盖然性为基础,将危险概念的探讨和条件理论、相当理论,以及行为归责理论联系起来,至少就目前国内学界的研究现状而言,笔者自信开辟了一块危险概念研究的全新领域。当然,希望这种学术自信(或自负)不至沦为同行和前辈眼中的笑柄。特别是本书关于抽象危险和具体危险的关系、危险概念与客观归责理论的关系,笔者亦自觉在结构上有不尽完善之处,还需要进一步的思索和沉淀。在危险概念的具体展开部分,笔者以抽象危险和具体危险为核心范畴,将其运用在未遂犯和危险犯领域的理论建构中。尽管在具体论述上亦不够全面,所幸的是勉强能做到一以贯之。笔者也当然清楚本书在其他相关问题的论述上有诸多不足之处,在此也只能惭愧地附上一句:文中未竟之处,留待后续研究。

本书同时也是笔者负责的2018年江西省高校人文社科重点研究基地项目"抽象危险犯的立法模式与司法运行研究"的

最终成果，出版事宜得到了南昌大学立法研究中心的帮助与支持，在此一并表示感谢！

黄悦

2019 年 5 月 18 日

图书在版编目(CIP)数据

刑法中的危险概念及其展开 / 黄悦著. -- 北京 : 法律出版社, 2019
(南昌大学法学文库 / 杨峰主编)
ISBN 978 - 7 - 5197 - 4091 - 7

Ⅰ. ①刑… Ⅱ. ①黄… Ⅲ. ①刑法－研究 Ⅳ. ①D914.04

中国版本图书馆 CIP 数据核字(2019)第 271666 号

刑法中的危险概念及其展开
XINGFA ZHONG DE WEIXIAN GAINIAN JI QI ZHANKAI

黄 悦 著

策划编辑 张泽华
责任编辑 沈小英 张泽华
装帧设计 李 瞻

出版 法律出版社
总发行 中国法律图书有限公司
经销 新华书店
印刷 北京虎彩文化传播有限公司
责任校对 杨锦华
责任印制 吕亚莉
编辑统筹 法治与经济出版分社
开本 A5
印张 6.875
字数 140 千
版本 2019 年 12 月第 1 版
印次 2019 年 12 月第 1 次印刷

法律出版社/北京市丰台区莲花池西里 7 号(100073)
网址/www.lawpress.com.cn
投稿邮箱/info@lawpress.com.cn
举报维权邮箱/jbwq@lawpress.com.cn
销售热线/400 - 660 - 8393
咨询电话/010 - 63939796

中国法律图书有限公司/北京市丰台区莲花池西里 7 号(100073)
全国各地中法图分、子公司销售电话:
统一销售客服/400 - 660 - 8393/6393
第一法律书店/010 - 83938432/8433 西安分公司/029 - 85330678 重庆分公司/023 - 67453036
上海分公司/021 - 62071639/1636 深圳分公司/0755 - 83072995

书号:ISBN 978 - 7 - 5197 - 4091 - 7 **定价:**66.00 元
(如有缺页或倒装,中国法律图书有限公司负责退换)